도시인의 탄생

—한국문학과 도시의 모더니티

서강학술총서
018

도시인의 탄생

한국문학과 도시의 모더니티

이광호 지음

서강대학교출판부

서강학술총서 018

도시인의 탄생

—한국문학과 도시의 모더니티

초판발행 | 2010년 8월 25일
지 은 이 | 이광호
발 행 인 | 이종욱
편 집 인 | 우찬제
발 행 처 | 서강대학교 출판부
등록번호 | 1978년 9월 28일 제313-2002-170호

주 소 | 서울특별시 마포구 신수동 1번지
전 화 | (02) 705-8212
팩 스 | (02) 705-8612

ISBN 978-89-7273-168-9 94810
ISBN 978-89-7273-139-9(세트)

값 14,000원

* 잘못된 책은 구입하신 곳에서 바꿔드립니다.

* '서강학술총서'는 SK SUPEX 기금의 후원으로 제작됩니다.

책머리에

이 책을 구상하게 된 것은 2여 년 전이었다. '미적 근대성'을 둘러싼 한국문학의 연구가 이념적인 차원이 아니라, 구체적인 미학적·정치적 맥락을 가져야 한다는 생각은, 미적 영역과 사회적 영역에 동시에 관련되는 모더니티의 테마를 찾게 만들었다. 작고 주변적인 또 하나의 근대성, 혹은 근대성의 다른 장소로서의 '미적 근대성'에 대한 관심은, '도시'라는 테마로부터 한국문학의 새로운 미적 주체로서의 '도시인'을 발견하는 데까지 나아가게 되었다.

이 책의 구성 안에 기존에 발표되었던 비평문이 포함되어 있는 것은, 그 비평들이 '도시'라는 테마를 의식하고 씌어졌기 때문이다. 문학 연구와 문학비평의 제도적·실존적 간격은 여전히 나에게 중요하고 무거운 질문의 대상이지만, 문학 연구는 동시대의 비평적 문제의식에 의해 그 이론적 탄력과 긴장감을 부여받을 수 있다고 생각해왔다.

'도시인의 탄생'이라는 테마를 통해 한국 현대문학의 맥락을 재구성하려는 기획은 이 책 한 권을 통해 완성될 수는 없을 것이다. 이런 측면에서 이 책의 문제제기적인 성격은 더 많은 앞으로의 연구 과제를 암시하고 있다고 할 수 있다. 이 책의 후속적인 작업은 '시선의 탄생'이라는 테마의 확장을 통해 지속될 수 있도록 하겠다.

이 책에는 도시적인 고독과 허영 안에서 자신을 가두어온 지난 2년간의 사소하고 개인적인 시간이 묻어 있다. 연구자의 실존이 연구의 테마와 내밀하게 만날 수 있다면, 문학 연구는 보다 풍요로워질 것이다.

이 책을 구성하는 데 조언과 격려를 아끼지 않은 오랜 문우 우찬제 교수에게 감사하며, 책 모양을 만들어준 서강대학교 출판부에도 고마움을 전한다. 또한 이 테마가 한 권의 연구서로 출간할 수 있는 기회를 준 서강학술총서 기획위원회에 감사의 마음을 전한다.

2010년 7월

이광호

차례

제1장

서론: 도시의 모더니티와 미적 근대성

한국문학의 모더니티를 탐구하는 일이 중요한 이론적 과업이 된 것은 이미 오래이다. 그동안 신진 연구자들을 중심으로 풍속사와 제도사는 물론 담론사와 형식사의 관점에서 상당한 이론적 진척을 이루어왔다. 그럼에도 불구하고 한국문학의 모더니티를 드러내는 일이 여전히 미완의 작업인 것은, 미학의 외부와 내부를 사유하는 간격이 여전히 존재하기 때문이다. 문학이라는 개념, 혹은 문학성 역시 제도와 풍속 혹은 담론의 일부로 역사적으로 존재했다는 것을 인정하는 것은 중요한 일이다. 그것은 문학성이 고정불변하고 보편적이라는 미망으로부터 문학 연구를 해방시킨다. 그런데, 이런 문제의식의 끝에서 문학 연구에 있어서 '미적인 것'에 대한 질문을 포기하는 경우, 문학에 관한 모든 연구는 역사적인 것으로 환원된다.

문제는 여전히 남는다. 모더니티, 혹은 근대성의 문제를 중심으로 사유한다는 것은, 단순히 한국문학의 근대적 성격을 재구성하는 차원을 넘어서, '근대 이후'의 한국문학을 어떻게 반성적으로 성찰할 것인가 하는 문제를 포함한다. 근대문학의 제도와 풍속과 담론을 재구성하는 것은 현대성 혹은 동시대성을 탐구하는 기획과 연결되어 있다. 그렇기 때문에, 근대성의 탐구는 단순히 실증적인 작업이 아니라, 현재적인 비평적 · 철학적 질문들을 포함하게 된다. 그 질문들을 누락한 실증적인 작업들은 무의미한 것은 아니지만, 적어도 문학 연구의 최종적인 지점은 아닐 것이다. 문학 연구는 동시대의 문학에 대한 비평적 의식이 개입되어야 한다. 문학적인 것의 연구는 역사적인 것이면서, 동시에 동시대적인 것이어야 한다.

문학 혹은 문학성이 역사적 · 제도적으로 구성된 산물에 불과한 것이라는 것을 인정한다 해도, 다른 영역이 아닌 '문학'이라는 독특한 언어 구성물을 탐구해야 하는 내적인 이유는 점검될 필요가 있다. 문학이라는 심미적 언어 행위를 탐구의 대상으로 삼을 때, 그 근원적인 역사성을 분석하는 동시에 미적인 것의 구성에 관한 동시대적인 탐구가 진행되어야 한다. 미적인 것의 구성이 역사적인 차원을 가진다고 하더라도, 그것을 모두 역사적 연구의 차원으로만 되돌릴 수는 없다. 미적인 것이 역사적으로 구성된다는 문제의식을 유지하면서도, 동시대 문학의 미적인 감각을 개입시키는 노력이 필요하다.

한국문학의 모더니티가 아니라, 미적 모더니티를 문제삼는 것도 이러한 이유에서이다. 한국문학의 모더니티만을 문제삼을 때, 그것은 역사적 · 실증적 자료로서만 문학 텍스트를 이해하게 된다. 하지만 한국문학의 미적 모더니티를 중심에 놓고 사유할 때, '언어', '장르', '미적 주체', '감각', '감성' 등에 대해 생각해야만 한다. 굳이 다른 역사적 문건들이 아니라 '문학'을 분석해야 할 이유가 있다면, 바로 이런 문제들이 중요하다고 여겨지기 때문일 것이다. '미적 근대성'이 하나의 이념이 아니라, 작고 주변적인 근대성으로서 복수성과 개별성을 사유하는 것이라는[1] 문맥도 이에 연관될 수 있다.

이 책에서 한국문학에서의 모더니티의 문제를 '도시'라는 테마로 사유하려는 것은, 도시가 근대성의 거대한 실험실이고 전시장이기 때문이다. 도시는 근대화의 산물이며, 근대화의 과정과 동력 자체이다. 도시는 근대성을 추상적인 것이 아니라, 구체적인 이미지와 경험으로 감각하게 해주는 의미 있는 맥락이다. 한국문학에서 모더니티가 하나의 사건이 아니라, 복수적인 사건들이라면, 도시를 둘러싼 감각의 경험과 미적 주체의 형성은 중요한 의미를 함유한다. 미적 근대성이 관념과 이념이 아니라 구체적인 텍스트들 속에서 복수적으로 발견되는 사건들이라고 할 때, 도시를 둘러싼 미적 전유의 사례들은 한국문학의 모더니티를 이해하는 데 필요한 매개적인 지점이 될 수 있다. 그것은 사회적인 경험과 감각의 미적 분할이라는 양쪽 측면에 모두 관계되는 지점이기 때문이다. 또한 도시적 경험은 시한이 만료된 경험이 아니라, 역동적으로 변화되어가는 동시대적인 것이기 때문에, 근대 이후 현재까지 지속되는 문학적 경험을 이해하는 중요한 사례가 될 수 있다. 이것은 단순히 소재와 배경으로서의 도시라는 미학 외부의 문제에 국한되지 않는다. 도시를 문학 텍스트에 '반영된' 어떤 객관적 사실이나 배경으로만 이해한다면, 한국문학의 미적 근대성과 도시의 모더니티의 내밀한 관계를 찾아낼 수 없다.

도시의 경험은 근대인의 가장 보편적인 경험 중의 하나이다. 그 경험이 근대 이후의 모든 경험을 의미한다고 할 수는 없지만, 가장 문제적인 경험을 압축하고 있는 것은 사실이다. 그런데 한국 사회에서의 도시의 경험이란 서구의 그것과 다르고, 그것을 문학적으로 전유하는 양상 역시 다를 수밖에 없다. 한국의 도시화는 식민지 근대화와 개발 독재라는 특수한 상황에서 이루어진 것이고, 따라서 그 근대화의 양상이 서구와 다를 수밖에

1 이광호, 『미적 근대성과 한국문학사』(민음사, 2001), 6~7쪽.

없다. 그렇다고 해서 한국 사회에서의 도시화가 '나쁜' 도시화라는 측면에서 그것의 부정성으로만 설명되는 것 역시 문학과 역사를 단선적으로 이해하는 결과를 낳을 수 있다. 물질적 풍요와 인간적 소외라는 양면성을 가진 도시의 근대성을 지나치게 일반화할 필요는 없다.

> 식민지 도시 공간은 문명의 위광을 과시하는 제국의 스펙터클이 상연되는 극장이자, 인종 차별적인 양극화의 처절한 드라마가 양산되는 비극적 삶의 무대이다. [……] 제국은 도시 공간의 스펙터클로서 통치 효과를 극대화했고, 피식민 대중은 군중이 되어 문명의 스펙터클을 구경했다. 하지만 제국은 그들 대다수를 방관자적인 구경꾼 이상으로 호명할 수는 없었다.[2]

식민지 도시 공간에서 피식민 대중은 새로운 근대 도시의 스펙터클을 관람하는 기회가 주어졌지만, 그들이 구경꾼 이상의 지위를 갖는다는 것은 쉽지 않았다. 문제는 그 식민지 도시의 삶을 둘러싼 특수성을 탐구하는 작업이다. 한국 사회에서의 도시화의 특수성을 분석하는 것은 단순히 그것의 부정성을 비판하는 작업을 의미하는 것이 아니다. 한국문학 연구에 있어서의 도시적 경험을 문제화하는 것, 역시 그것의 식민지적인 부정성을 비판하는 하나의 논리로 환원될 수 없다. 도시적 감각의 출현이 어떻게 한국문학의 미적 근대성을 구성하는 데 작동했는가 하는 점이 중요할 것이다. 도시적 경험은 사회적 · 역사적 경험이기도 하지만, 새로운 미적 경험이고, 새로운 미적 주체를 형성하는 경험이다.

여기서 '도시인'이라는 개념은 중요한 의미를 갖는다. 도시인은 도시적 경험과 감각을 통해 구성된 새로운 미적 주체를 의미한다. 도시가 단

2 김백영, 『지배와 공간: 식민도시 경성과 제국 일본』(문학과지성사, 2009), 520~521쪽.

순히 삶의 물질적 배경이 아니라, 새로운 종류의 '인간'을 만들어낸다는 문제의식은 매우 중요하다. 그런데 한국문학에서의 도시의 모더니티를 탐구하는 작업이 궁극적으로 '도시의 인간학'을 구축하는 것을 목표로 하는 것은 아니다. 도시인이 외부 환경에 대해 반응하는 현대적인 태도는 의미 있는 탐구의 대상이 될 수 있다. 이를테면 "개인의 주체적 삶을 대도시의 억압적인 힘으로부터 지켜내기 위한 자구책으로 이러한 이성적 태도는 다양한 방향으로 발전하고 다양한 개별 현상들과 얽혀 나타난다."[3] 하지만 문학 연구에 있어서 더욱 중요한 것은, 그러한 새로운 인간형의 미적인 측면이다. 다른 식으로 말하면 새로운 도시적 인간이 미적으로 구성되는 방식이 문제되는 것이다. 문학 텍스트 안에서의 도시적 인간은 도시화를 객관적이고 평균적으로 반영하는 것이 아니라, 어떤 미적 실천의 과정 속에서 태어난 주체이다. 도시적 경험은 새로운 미적 주체의 구성에 관여할 뿐만 아니라, 문학의 생산과 유통 양식, 글쓰기 자체에도 영향을 미쳤다.

한국 근대문학에서 도시가 어떻게 재현되고, 도시적 감각이 얼마나 많이 드러나고 있는가 하는 문제에 대해서는 선구적인 연구들이 제출되어 있다.[4] 하지만 지금 필요한 것은 근대문학의 텍스트들로부터 동시대를 텍스트에 이르기까지 여기에서 드러나는 도시인의 감각적 변이에 대한 관심이고, 그 관심은 도시인이 어떻게 미적으로 구축되는가에 대한 탐구를 의미한다. 이런 맥락에서 '도시적 시선'의 문제를 중요한 미적 장치의 분석 대상으로 사유하고자 한다. 새로운 도시인에게 있어서 도시적 삶은 시각적인 것의 우위로 특징지을 수 있다. 도시적 경험의 지배적인 양상이

3 게오르그 짐멜, 『짐멜의 모더니티 읽기』(새물결, 2005), 37쪽.

4 대표적인 것은, 이성욱 『한국근대문학과 도시문화』(문화과학사, 2004)라고 할 수 있다.

시각적인 영역과 연루되어 있다는 것은 근대 이후 일반적인 양상이다. 도시에서는 시각적인 감각이 모든 것을 지배하는 특징이 있다.

> 산책자의 모습 속에는 이미 탐정의 모습이 예시되어 있다. 산책자는 그의 행동 스타일을 사회적으로 정당화해야 한다. 이를 위해서는 무심한 모습이 그럴듯하게 보이도록 하는 것보다 더 안성맞춤인 것도 없을 것이다. 하지만 실제로 그러한 무심함의 이면에는 아무것도 모르는 범죄자로부터 한시라도 눈을 뗄 수 없는 감시자의 긴장된 주의력이 숨어 있다.[5]

발터 벤야민에 의해 의미화된 도시 산책자의 초상은 근대 이후 문학에서의 새로운 주체의 형성을 암시하는 의미 있는 지점이다. 근대 이후에 출현한 새로운 도시인의 한 유형으로서의 도시 산책자는 이미 미적인 주체의 성격을 포함하고 있다. 그는 도시를 무심한 듯, 그러나 '탐정'의 시선으로 도시를 관찰함으로써 도시의 공간과 시간을 새로운 미적 대상으로 구축한다. 근대 이후의 작가들이 '위대한 도시 산책자'였다는 것은 의미심장하다. 그들은 노동이 아닌 무위의 행위로써 도시를 산책했지만, 그 산책은 지적이고 감각적이며 풍요로운 산책이었다.

그런데 여기서 중요한 것은 그들 산책자의 시선이다. 도시의 시선은 원근법적인 시선 체계와는 다르다. 도시의 시선은 고정된 응시가 아니라, '유동화된 응시'의 성격을 가지며, 끊임없이 움직이며 거리의 스펙터클 속을 방황한다. 거리의 산책자는 세계의 고정된 중심에 있는 것이 아니라, 유동하면서 현기증 나는 파노라마적인 시각을 갖게 된다.

---

5 발터 벤야민, 『도시의 산책자』(새물결, 2008), 61쪽.

현대의 산보자는 원근법적인 시각 양식이 규정하는 시각적 주체와는 다르다. 우선 고전적 현대성의 전형적인 시각 주체는 가시적 세계의 중심에 위치하여 대상 세계와 거리를 둔 채 그것을 전체적으로 조망하면서 자신의 시각적 통어력을 행사하는 데 비해, 산보자는 중심적인 특권적 자리를 차지하려고 하지도 않으며 대상 세계와의 거리는 소멸되고 그것에 대한 어떤 통어력도 행사하지 않거나 할 수 없다.[6]

도시적 시선은 원근법적인 시선이 아니라, 대상에 대한 통어력을 갖지 못하는 유동적인 시선을 특징으로 한다. 그들은 투명하고 객관적인 관찰자가 아니다. 그들은 자신의 프레임을 통해 도시의 풍경을 재배치한다. 그들의 시선의 각도는 도시에 대한 그들의 감각과 태도를 드러낸다. 그리고 그 감각과 태도는 미적인 것이며, 동시에 정치적인 것이다. 산책자는 어떤 것은 보고, 어떤 것은 보지 않는다. 어떤 것은 묘사하고, 어떤 것은 묘사하지 않는다. 도시의 이미지는 투명하게 전달되는 것이 아니라, 미적 주체의 시선에 의해 굴절되고 재배치된다. 그 굴절과 재배치의 작업은 미적인 실천 행위이다. 그리고 그 미적 행위는 동시에 정치적인 행위이기도 하다.

시간들과 공간들, 자리들과 정체성들, 말과 소음, 가시적인 것과 비가시적인 것 등을 배분하고 재배분하는 것은 내가 말하는 감성의 분할을 형성한다. 정치 행위는 감성의 분할을 새롭게 구성하게 하고 새로운 대상들과 주체들을 공동 무대 위에 오르게 한다. 또한 정치 행위는 보이지 않았던 것을 보이게 하며, 킁킁대는 동물로 취급되었던 사람을 말하는 존재로 만든다.

6 주은우, 『시각과 현대성』(한나래, 2003), 396쪽.

그런 까닭에 '문학의 정치'라는 표현은 문학이 시간들과 공간들, 말과 소음, 가시적인 것과 비가시적인 것 등의 구획 안에서 문학으로서 개입하는 것을 의미한다. 문학의 정치는 실천들, 가시성의 형태들, 하나 또는 여러 공동 세계를 구획하는 말의 양태들 간의 관계 속에 개입한다.[7]

도시공간에서의 가시적인 것과 비가시적인 것을 나누는 감성의 분할은 문학과 정치성의 깊은 관계를 암시한다. 도시가 가시적으로 드러나는 방식, 이 가시적인 것으로 말해주는 언어의 양식은 미적인 동시에 정치적인 영역이다. 여기서 중요한 것은 어떤 주체에 의해 그 감성의 분할이 이루어지는가, 혹은 그 감성의 분할을 구성하는 미적 주체는 어떤 성격을 갖는가 하는 점이다. 바로 이 지점이 새로운 미적 주체로서의 '도시인'의 탄생에 대한 가장 근원적인 질문의 지점이다. 한국문학의 텍스트들 속에서 '도시인의 탄생'을 분석한다는 것은, 바로 이런 맥락에서 도시의 모더니티를 미적으로 전유하는 새로운 미적 주체의 구성을 탐구하는 작업이 된다. 이것은 물론 '미적 근대성'을 둘러싼 역사적 · 동시대적 성찰의 일부이다.

7 자크 랑시에르, 유재홍 역, 『문학의 정치』(인간사랑, 2009), 11~12면.

제2장

도시의 불우한 산책자들

1. 도시라는 이름의 모더니티

한국 현대문학은 도시에서 태어났다. 한국문학의 모더니티는 도시화의 동력을 문학적으로 전유함으로써 형성되었다. 한국 현대사의 지배적인 변동 요인이 산업화 · 자본주의화라면, 도시는 그 생활공간의 정치경제학의 문제를 집약적으로 보여준다. 도시가 만들어지고 그 도시에서 살아간다는 것의 문제는, 한국문학의 모더니티의 주요한 관심 내용을 구성한다. 한국 현대문학은 도시 속에서, 도시의 인간에 의해, 그 현대적 미학을 만들어간 것이다. 도시는 다만 장소의 문제가 아니며, 도시적인 삶의 형성, 도시적 인간의 탄생이라는 보다 근본적인 주제와 연관되어 있다. 도시적인 시간, 이미지, 스타일, 취향, 아비투스 등의 삶의 실천적 · 미학적 문제들이 여기에 포함된다.

모더니티의 문제를 중심으로 한국문학 담론들을 사유하려는 노력은 이제 상당한 이론적 진보와 실증적 축적을 이루었다. 하나의 균일한 거대담론으로서의 근대성이 아니라 작고 주변적인 모더니티의 문제를 사유해야 한다는 문제제기 역시, 이제는 더 이상 새로운 주장이 아니다.[1] 풍속 · 제도 · 상품 · 언어 · 생활 · 미디어 영역의 모더니티의 다양한 층위에 대한 풍부한 연구 성과 역시 지속되고 있다. 이 시점에서 다시 '도시'라는 키워드를 중심으로 한국문학의 모더니티의 문제를 제기할 수 있는 것은 다음의 이유에서이다.

모더니티의 문제를 이른바 '태도', '시선 체계', 혹은 '표상 공간'의 문제로 집중할 때, 도시적 공간에서의 삶의 양식화라는 문제는 핵심적인 주제 중의 하나가 된다. 태도란 동시대의 현실에 관계되어 있는 어떤 양식, 사유하고 느끼는 방식을 의미한다.[2] 모더니티의 문제가 '근대적인 태도'와 관련된 문제라면, 이것은 근대적인 공간에 대한 근대적인 시선 체계의 문제와 연루된다. 그리고 이것은 도시라는 공간을 심적으로 혹은 물리적으로 재현전화(再現前化)하는 문제이고, 표상을 표상으로 만들어주는 사회문화적 표현 코드 혹은 표상 시스템의 변동에 주목할 필요가 있다.[3] 도시에 대한 표상과 시선의 문제는 가시적인 것과 비가시적인 것을 구분하는 프레임 혹은 전시 방식의 체계와 그 안에 작동하는 권력과 그 사회 · 역사적 관계를 분석하는 시선의 정치학을 요구한다.[4]

도시화 자체의 객관적 · 역사적 사실보다 중요한 것은, 도시공간에 대한 태도와 시선의 체계, 그것을 표상하는 양식의 변화이다. 따라서 도시화의 문제는 근대 초기의 문제만이 아니라, 한국문학 100년을 관통하고 지금 여기서의 삶의 문제까지를 성찰할 수 있는 현재적인 문제로 유효

---

1 이광호, 『미적 근대성과 한국문학사』(민음사, 2001), 6~7쪽.

2 미셸푸코, 「계몽이란 무엇인가」, 김성기 편, 『모더니티란 무엇인가』(민음사, 1994), 351~352쪽.

3 이효덕 · 박영관 역, 『표상공간의 근대』(소명출판, 2001), 19쪽.

4 이광호, 「시선과 관음증의 정치학」, 『이토록 사소한 정치성』(문학과지성사, 2006), 31쪽.

하다. 도시화의 동력은 완결된 역사적 사건이 아니라, 한국 자본주의 체제의 변동 과정과 함께 현재적으로 진행되고 있다. 그 도시화에 대한 시선 그리고 표상의 코드는 문학에서의 미학적 전유 방식의 변모와 깊게 연루되어 있다. 이 장은 한국문학 100년 동안의 몇 가지 텍스트의 사례를 통해 도시라는 표상 공간을 형성하는 시선의 방식이 어떻게 변모했는가의 일부를 드러내려는 하나의 시론이다. 여기에 몇 사람의 도시인이, 몇 사람의 도시의 산책자가, 도시를 배회하는 몇 개의 시선이 있다. 그들이 어떻게 도시에 대한 시선을 획득하고, 그 시선을 무너뜨리고 있는가를 보자.

그들은 1930년대 경성의 거리로부터 2000년대 서울의 편의점에 이르기까지 배회하고 있지만, 그들의 산책은 언제나 불우하다. 도시가 단지 그들을 궁핍하게 만들고 소외시키고 고립시키기 때문이 아니다. 문학 텍스트 속의 그들은, 도시의 풍경과 도시적 시선과 도시적 삶에 대한 미적 · 성찰적 태도를 확보하려 하고, 그 노력은 개별화를 무너뜨리면서 역설적으로 개별화를 촉구하는 도시의 마력으로부터 자유롭지 못하다. 도시는 표준화 · 평균화의 방식으로 개인성을 소모시키고 빼앗아가면서, 동시에 개인적인 것의 가치를 과장하도록 촉구한다.[5] 도시인이 혹은 도시의 산책자가 도시의 '감각의 과부하'와 균질화로부터 개인의 고유성을 확보하려는 투쟁—투쟁이야말로 현대적인 의미에서의 미적 · 문학적 투쟁이다—은 언제나 불우하다. 도시공간과 군중에 대해 문학적 개인-산책자가 동일시의 입장을 취하든, 타자화의 대상으로 바라보든, 그것은 결국 시대와의 불화를 의미하기 때문이다. 그것은 마치 도시의 댄디(dandy)들이 스타일의 자립성을 보존하려고 하면, 다시 그것이 도시적 스타일에 포획되는 아

5 게오르그 짐멜, 김덕영 · 윤미애 역, 『짐멜의 모더니티 읽기』(새물결, 2005), 51쪽.

이러니와 같다. 미학적 문제의 핵심은 이 도시공간에서의 다른 삶의 가능성을 문학적으로 전유하는 것인데, 그곳으로 가는 도시의 길을 아무도 알려주지 않는다.

2. '경성' 거리를 바라보는 두 가지 근대적 시선

아스팔트 위에는
사월의 석양이 졸리고

잎사귀에 붙이지 아니한 가로수 밑에서는
오후가 손질한다.

소리 없는 고무바퀴를 신은 자동차의 아기들이
분주히 지나간 뒤

너의 마음은
우울한 해저
너의 가슴은
구름들의 피곤한 그림자들이 때때로 쉬려오는 회색의 잔디밭.

바다를 꿈꾸는 바람의 탄식을 들으려 나오는 침묵한 행인들을 위하여
작은 아스팔트의 거리는
지평선의 흉내를 낸다.[6]

현대문명에 대한 적극적인 관심을 통해 1930년대의 모더니즘 운동을 이끌었던 김기림의 시에는 도시공간에 대한 시적 묘사가 등장한다. 그의 모더니즘에 대한 가장 일반적인 비판은 문명의 외면적 징후만을 표피적으로 다룸으로써 '문명 비판'의 기획에 다다르지 못했다는 것이다. 물론 이런 비판은 충분한 비평적 근거를 가지고 있다. 하지만 문제적인 것은 김기림이 도시라는 공간을 묘사하는 방식, 그 시선의 운동 양식이다. 이 시에는 '아스팔트', '자동차', '가로수', '침묵한 행인' 등의 도시적인 이미지들과 '해저', '구름', '지평선', '바다' 등의 자연적인 이미지들이 대비되어 있다. 그 대비적인 이미지의 조합 사이로 '졸리고', '우울한', '피곤한', '탄식' 등의 권태로운 감상의 요소가 개입되어 있다. 이런 감상의 개입이 수행하는 문명 비판의 전언만이 중요한 것은 아닐 것이다.

1~3연이 도시의 아스팔트, 거리의 이미지와 스펙터클에 대한 묘사라면, 4~6연은 그것으로부터 다른 공간을 호출한다. 물론 이러한 공간의 돌연한 확장과 이동은 몽타주적인 방식의 시선 이동으로 설명될 수 있고, 그것은 김기림의 중요한 미학적 방법론이기도 하다. '해저'와 '회색의 잔디밭'은 '너의 마음'과 '너의 가슴'에 대한 은유이지만, 그 은유는 도시의 공간적 감수성에 대한 비유적 이미지이다. 그 비유적 구조는 "작은 아스팔트의 거리는/ 지평선의 흉내를 낸다"라는 문장으로 압축된다. 거리의 권태와 우울은 지평선의 그것과 유비적 관계를 이룬다. 그 관계를 묘사하는 것은 문명에 대한 특정한 정서적 태도와 관련되어 있지만, 주목해야 할 것은 그 모든 것으로 조망하는 시선의 위치이다.

이 시에서의 시선의 주체는 가로수와 자동차들을 볼 수 있는 거리의 한

---

6 김기림, 「아스팔트」, 『태양의 풍속』(열린책들, 2004), 158~159쪽.

복판에 위치하고 있는 것처럼 보이지만, 그 시선은 '너의 마음'과 '너의 가슴'이라는 보다 내면적인 공간을 향해서 움직인다. 이런 풍경의 이동은 유동적 시선이라는 근대적 시각 양식을 보여주는 것인데, 문제는 그 자연과 도시라는 두 공간적 표상들을 유비적으로 대상화하는 시적 주체의 지위이다. 이 시에서 '침묵한 행인'으로 표현되는 도시 군중에 대한 시적 주체의 거리는, 도시 전체의 '기상도'를 내려다보는 시선의 위치를 규정한다. 그 시선의 위치야말로 '너의 마음'이라는 2인칭의 호명 방식으로 거리의 감수성을 정리하는 화자의 미적 태도를 설명해준다. 1930년대 경성의 거리로부터 우울과 권태의 감성을 추출하는 김기림의 태도는, 도시 공간에 대해 그가 외재적인 시선의 위치에서 문명의 피로를 발견한다는 것을 의미한다. 이 도시의 거리에서의 '나'의 실존적 존재를 은폐하고 '너의 마음'을 대상화하고 '침묵한 행인'들을 타자화할 때, 김기림은 도시의 내재적 역동성과 매혹을 발견하기에는 너무나 먼 미적 거리와 높은 위치에 있었던 것이 아닐까?

이런 관점에서 이 시의 마지막 행에 '지평선'의 이미지가 등장하는 것은 의미심장하다. '지평선'의 이미지는 시각장의 중심으로서의 소실점의 존재를 상기시키고, 이는 풍경을 통어하는 고정적이고 중심적인 시점을 여전히 유지하고 있음을 암시한다. 이 시 속의 이미지의 전개가 풍경의 이동과 시선의 유동성을 보여주고 있다고 하더라도, 시선의 은폐된 주체는 가시적인 세계의 보이지 않는 중심에 위치하여 대상과 일정한 거리를 둔 채, 그것을 전체적으로 조망하면서 그 시각적 통어력을 행사한다.[7] 어쩌면 이런 은폐된 시선의 위치야말로 '고전적인 근대성'을 보유한 전형적인 시각 주체를 드러내는 것이라고 할 수 있지 않을까? 그렇다면 1930

7 주은우, 『시각과 현대성』(한나래, 2003), 396쪽.

년대 경성을 또 다른 유력한 관찰자였던 박태원의 경우는 어떨까?

그러나 그 여자가 그자에게 쉽사리 미소를 보여주었다고 새삼스러이 여자의 값어치를 깎을 필요는 없었다. 남자는 여자의 육체를 즐기고, 여자는 남자의 황금을 소비하고, 그리고 두 사람은 충분히 행복할 수 있을 게다. 행복이란 주관적인 것이다. [……]

어느 틈엔가 구보는 조선은행 앞에까지 와 있었다. 이제 이대로, 이대로 집으로 돌아갈 마음은 없었다. 그러면 어디로―. 구보가 또다시 고독과 피로를 느꼈을 때, 약칠해 신으시죠 구두에. 구보는 혐오의 눈을 가져 그 사내를, 남의 구두만을 항상 살피며, 그곳에 무엇이든 결점을 잡아내고야 마는 그 사나이를 흘겨보고, 그리고 걸음을 옮겼다. 일면식도 없는 나의 구두를 비평할 권리가 그에게 있기는 하단 말인가. 거리에서 그에게 온갖 종류의 사물을 저주하고 싶다. 생각하며, 그러나, 문득, 구보는 이러한 때, 이렇게 제 몸을 혼자 두어두는 것에 위협을 느낀다. 누구든 좋았다. 벗과, 벗과 같이 있을 때, 구보는 얼마쯤 명랑할 수 있었다. 혹은 명랑을 가장할 수 있었다.[8]

경성 거리를 '아무런 목적 없이' 대학노트를 들고 '산보'하는 탈계급적인 산책자의 하루 일과를 속도감 있게 그려낸 이 소설이 가지는 모더니즘적 위치는 확고하다. 이른바 '고현학'의 문학으로서 근대 도시에 대한 세밀한 관찰자적 시선을 보여준다. 이 소설이 문학적 개인-도시 산책자 유형을 전형적으로 보여주는 한국문학이고, 이런 방식으로 도시의 일상성을 드러내는 유형의 작품들이 하나의 계보를 이룬 것을 보아도, 이 소설이 갖는 상징적 중요성은 재확인된다. 이 소설은 거리를 돌아다니는 구

8 박태원, 『소설가 구보씨의 일일』(문학과지성사, 2005), 120쪽.

보의 동선과 시선을 따라가면서, 그 사이에 구보의 상념과 의식을 끊임없이 개입시킨다. 구보의 의식 세계에서 중심이 되는 것은 '고독', '행복'과 같은 삶의 관념적인 문제들과 '결혼', '돈'과 같은 현실적인 생활의 문제들이다. 그리고 이 도시에서 구보는 고독을 벗어나 진정한 행복에 도달하기가 어려움을 자각한다. 소설의 마지막 부분에서 "이제는 거리를 다니지 않겠으며, 집에서 소설을 쓰겠다"라고 다짐하는 것 역시, 주인공이 거리에서 자신의 삶과 문학을 충만하게 하는 어떤 진실을 발견하지 못했다는 상징적인 결론으로 이해될 수 있다.

그런데 문제는 구보의 의식을 직설적으로 드러내는 독백적인 문장들이 아니라, 구보의 동선과 시선이 어떻게 소설의 서사적 층위를 구성하는가에 있다. 이 소설에서의 몽타주적인 풍경의 이동과 파노라마적인 시선의 동선, 의식의 흐름을 드러내는 장치 등은 현대적 서사 기법으로 평가할 수 있다. 김기림의 은폐된 시선의 주체와는 달리, 이 소설의 주인공은 자신의 실존적 의식과 시선을 고스란히 드러낸다. 그렇기 때문에 이 소설의 산책가의 시선은 풍경을 조망하고 통어하는 특권적 자리에 위치하지 않고, 대상과 이미지에 대한 어떤 통제력도 행사하지 못한다. 박태원의 산책자는 도시적 공간의 내부에서 실재하면서 스스로 움직이는 산만한 시선의 주체를 보여주고 있다. 이런 이유로 경성이라는 근대 도시의 복잡함과 운동성은 더욱 구체적으로 포착되고 채집된다. 산책자 역시 도시의 일부로서의 자신의 사소한 위치를 가질 뿐이다. 심지어 산책자는 군중과의 시선의 교차 속에서 어떤 공허와 불쾌감을 경험한다.

위의 예문에서 도시의 거리와 군중을 향하는 구보의 시선은 '관음증'과 '혐오감'의 정서적 특징으로 요약된다. 관음증은 도시의 거리에서 우연히 보게 된 여자와 함께 있는 남자를 보면서, "문득 여자의 벌거숭이를 아무 거리낌 없이 애무할 그 남자의 야비한 웃음"을 떠올리게 한다. 그리고 여자와 남자 간의 성적 관계가 '황금'에 의해 매개되어 있다고 짐작한다. 그 짐작의 발단은 물론 구보의 눈에 그 여자가 충분히 매혹적이었기 때문이다. 여성의 육체를 시각적으로 대상화하고, 다시 그 대상을 매춘부로 인식하는 것은, 교환가치에 의해 매개되는 남녀관계라는 도시의 생활에 대한 통찰을 포함하고 있다고 하더라도, 여성에 대한 매혹과 혐오를 동시에 드러내는 전형적인 남성 관음자의 시선을 보여준다. 구보가 도시의 스펙터클에서 시선을 집중시키는 것은 카페의 여급 등의 여성 육체이다. 여기에서 화폐로 살 수 있는 창녀의 이미지를 발견함으로써 그녀들은 거리에 전시된 일종의 도시적 상품으로 인식된다.

다음 장면에서 '조선은행' 앞에서 구두닦이를 대하는 구보의 시선은 혐오감과 불쾌감으로 가득 차 있다. 그 혐오감의 핵심은 계급적인 것이 아니다. 구보 자신이 구두닦이를 훔쳐보는 것이 아니라, 구두닦이의 훔쳐보기의 대상이 되었기 때문이다. 자신이 관음의 주체가 아니라, 관음의 대상이 되었을 때의 불쾌감은 극에 달한다. 그 불쾌감 때문에 그는 고독하고, 그래서 '벗'을 찾게 되지만, 벗과 같이 있을 때의 '명랑' 역시, '가장된 명랑'일 수 있다. 도시인은 친구 앞에서도 명랑을 연기한다. 그는 이 도시의 거리가 거대한 무대라는 것을 알고 있다. 박태원의 구보가 거리에서 느끼는 혐오감과 불쾌감은 압도적인 거리의 스펙터클 앞에서 소모되는 개인에 대한 저항이라고 볼 수 있다. 자본주의적 질서의 도래 앞에서의 자기 보존에 대한 욕구는 지나가는 요소들에 대한 불신과 적대감을 만들어낸다. 외부적인 자극과 외부로부터의 감각의 압도적 우세에 맞서서 '개인적인 것'을 과장해야 하고 개성과 특성을 짜내야 하는 아이러니가 여기에 있다.[9] 박태원의 산책자는 이렇게 도시공간 '안에서' 배회하는

9 게오르그 짐멜, 위의 책, 51쪽.

유동적이고 파노라마적인 시선의 주체를 전형적으로 보여주지만, 여성의 육체 그리고 군중에 대한 '타자화'는 경성이라는 도시의 역동성을 자기 내부의 완강한 자의식 안에서 가두게 만든다. 이렇게 해서 근대의 도시 산책자는 그 내성적 주체화에 도달한다.

3. 관음증적 시선과 도시의 에로티시즘

1930년대의 경성이 보여주는 식민지 근대 도시의 혼종적 활력과 흥미롭게 대비되는 것은 1980년대 후반 이후의 서울이라는 대도시공간이다. 1930년대의 경성이 식민지 근대화의 한 정점에 있었다면, 이 시기 서울의 새로운 모습은 문화산업과 대중소비문화의 비약적인 발전이 이룩해낸 새로운 기호의 제국이다. 이 새로운 공간의 매혹에 대해 장정일과 유하만큼 적극적인 문학적 관심을 드러낸 시인도 드물다. 이들의 시에서 도시는 매혹과 환멸, 관능과 죽음이 뒤섞인 공간이다. 장정일과 유하의 시에는 도시공간의 스펙터클과 관능을 경험하는 시적 화자가 등장한다. 그는 도시적 공간 속에서 그 도시적 이미지들을 훔쳐보는 자이다. 그들은 일상적 시간의 경계에서 소요하는 도시 이미지의 소비자이다. 도시의 관능을 탐닉하고 거기에 매혹되는 '훔쳐보는 산책자.'

바람부는 날이면, 압구정동에 가야한다 사과맛 버찌맛
온갖 야리꾸리한 맛, 무쓰 스프레이 웰라폼 향기 흩날리는 거리
웬디스의 소녀들, 부띠끄의 여인들, 까페 상류사회의 문을 나서는
구찌 핸드백을 든 다찌들 오예, 바람불면 전면적으로 드러나는
저 흐벅진 허벅지들이여 시들지 않는 번뇌의 꽃들이여

하얀 다리들의 숲을 지나며 나는, 끝없이 이어진 내 번뇌의 구름다리를
출렁출렁 바라본다 이 거추장스러운 관능의 육신과 마음에 연결된
동앗줄 같은 다리를 끊는 한 소식 얻기 위하여, 바람부는 날이면
한양쇼핑센타 현대백화점 네거리에 떡하니 결가부좌 틀고 앉아
온갖 심혜진 최진실 강수지 같은 황홀한 종아리를 뚫어져라 바라보며
不淨觀이라고 해야 하리 옛날 부처가 수행하는 제자에게 며칠을 바라보라 던
져준
구더기 끓는 절세미녀의 시체, 바람부는 날이면 펄럭이는 스커트 밑의
온갖 아름다움을, 심호흡 한번하고, 부정해보리 내 눈은 렌트겐처럼 번쩍[10]

유하는 '압구정동'이라는 도시적 스펙터클의 관능과 매혹을 드러낸다. 압구정동 스펙터클을 이루는 것은 소비사회의 물질적 기호들이지만, 그 핵심에는 "흐벅진 허벅지들"이 자리 잡는다. 매혹당하는 시선의 중심에 그 거리의 '허벅지들'과 '황홀한 종아리들', '스커트 밑의 온갖 아름다움'이 부각된다. 그 시선은 남성 관음자에 의해 대상화된 여성의 파편화된 몸이라는 틀을 벗어나지 않는다. 관음의 대상으로서의 여성의 몸은 '다리'라는 특정한 신체부위로만 물신화되어 있다. 그러나 화자는 그 이미지들에 대한 매혹을 드러내는 데 멈추지 않는다. 화자는 그 매혹을 반성하고 부정할 수 있는 공간을 설정하려 애쓴다. 화자는 그 관능의 이미지들이 결국 '구더기 끓는 시체'일 뿐이라는 불교적 깨달음을 언급한다. 이 시의 함축적 화자는 거리의 관능에 매혹된 자이며, 동시에 그 매혹을 다시 반성하는 자이다. 이 시의 함축적인 시선은 관음자의 시선을 반성하

10 유하, 「바람부는 날이면 압구정동에 가야 한다 6」, 『바람부는 날이면 압구정동에 가야한다』(문학과지성사, 1991), 72~73쪽.

는 또 다른 시선이다. 그러나 관음증에 대한 이런 반성적인 성찰에도 불구하고 여성의 몸을 '유혹'의 기호로 상정하는 거리의 남성 관음자의 시선은 근본적으로 전복되지 않으며, 그 매혹과 반성 사이에서 시는 오히려 어떤 활력을 유지한다.

1930년대 경성을 배회하던 산책자의 관음증적 시선과 비교할 때, 여기서 중요한 것은, 산책자가 소비하는 것은 여성의 육체 자체가 아니라 그 육체에 대한 소비문화적 기호라는 것이다. '구찌 핸드백'으로 상징되는 명품의 이미지와, '현대백화점 네거리'로 상징되는 스펙터클한 공간, '심혜진 · 최진실 · 강수지'로 기호화된 대중문화적 이미지들이 그것이다. 거리의 산책자는 그 기호화된 이미지들을 관음하고, 동시에 소비한다. 그는 단지 훔쳐보는 자가 아니라, 그 이미지들을 소비하고, 그 안에서 도시적인 매혹을 경험하는 자이다. 또 하나 주목할 수 있는 것은, 관음증적인 시선의 대상이 된 여성들 역시, 하나의 산책자이며 소비자로서 출현하고 있다는 점이다. 대중소비문화의 발전은 소비의 주체로서의 여성 산책자들의 존재를 가능하게 했고, 이들은 이미지 소비의 주체이자 대상이 되는 아이러니한 위치에 놓이게 된다. '압구정동'이라는 새로운 도시공간은 그렇게 관음증적 산책자로 하여금, 기호화된 이미지의 제국에 대한 새로운 매혹과 환멸을 경험하게 했다.

> 거대한 벌집을 연상케 한다. 그것은
> 여왕벌이 충실한 일벌을 거느리는 것같이
> 물론 천성에 의해서가 아니라
> 교육에 의해 훈련 받는다는 그 점이 다르겠지만
> 어쨌든 백화점은 충실한 일벌을 거느린다.
> 하얀 와이셔츠와 멋있는 넥타이를 매고서

라면상자를 공중으로 던지고 맵시 있게 받아 재는
그들. 정오에서 세 시까지 네 사람씩 교대로
점심시간을 갖는 드러난 다리의 여점원들
여점원들에 대해서라면 몇 가지 부기할 것이 있다.
기사식당에서 나는 늘 그녀들의 일부를 만나곤 했지
마른 빵을 우겨넣으며 간단히 점심식사를 때우면
한가한 잡담도 없이 만화책과 주간지를 뒤적이며 나른한 옷주름을 펴던
백색의 처녀들.
선지국밥 속에 숟가락을 묻은 채 나는
그녀들 중의 한 사람에게 얼마나 말을 걸고 싶어 했는가
왕국의 여자를 아는 것은 왕국을 아는 것이기에
아니, 내가 왕국을 정복할 수도 있는 일![11]

대도시 공간에서의 시각 양식을 전형적으로 구현하는 백화점은 그런 이유로 도시 자체와 상동성을 갖는다.[12] 백화점은 상품 전시의 스펙터클과 소비의 관계를 극적으로 보여주는 핵심적인 장소이다. 그곳은 교환가치의 거대하고 숭고한 신전이다. 압도적인 분량으로 전시된 상품들에 대한 소비자-산책자의 시선은 전형적으로 파노라마적인 것이 된다. 장정일의 시는 백화점에 대한 정치경제학을 겨냥한다. 이 시에서 특징적인 것은 시의 주체가 소비자-산책자가 아니라, '생업'과 관련하여 백화점을 드나드는 '중졸'의 화자라는 점이다. 그래서 그는 백화점의 매혹 대신에 그것에 대한 정치경제학의 비판적 관점을 드러낸다. 이를테면, '노동은 비인

11 장정일, 「백화점 왕국」, 『햄버거에 대한 명상』(민음사, 1987), 94~95쪽.
12 이성욱, 『한국근대문학과 도시문화』(문화과학사, 2004), 193쪽.

간적인 행위'이고, "다가올 할인판매를 광고하고 잽싸게 뒤돌아서서/ 새로운 판매 전략에 고심하는 이 자가 바로/ 우리들의 등과 배를 간질이며 만들라! 만들라! 만들라!/ 강요하는 것"이고, 백화점은 "흑인과 백인 간의, 한 밤의 매질하기 놀이에 의해 [……] 다국적 사람 망치기 왕국"이고, "백화점을 다스리는 자가 필시/ 국방을 다스리게 되리라"는 것이다. 백화점을 둘러싼 정치경제학적 통찰은, 노동의 소외, 자본의 은폐된 강요, 다국적 자본의 힘, 자본의 힘이 결국 군사력을 통제한다는 사실 등을 적시한다.

이와 같은 전언은 비판적 진실의 힘을 보유하는 것이지만, 보다 더 흥미로운 국면은 백화점의 여점원을 향한 관음증적 시선이다. 백화점의 여점원은 여성 소비자들로 하여금 안전한 소비를 보장하는 장치이기도 하지만, 다른 한편으로 보면 이 여점원들 역시 백화점 스펙터클의 일부이다. "여성점원은 백화점이라는 볼거리 가득한 무대에서 에로티시즘을 분무하는 한 명의 연기자가 되면서 동시에 그것을 통해 남성들의 시각욕망을 충족시키는, 쇼윈도 기제의 살아 있는 마네킹이 되는 것이다."[13] 여점원은 상품들과 함께 백화점의 관음증과 에로티시즘의 중요한 대상이 된다. 이들의 '감정노동'은 이른바 '직업여성'에 대한 관음증의 소비 대상이 된다. 이 시가 흥미로운 것은, 백화점의 여점원들을 시각 욕망의 대상으로 했다는 사실 자체가 아니라, 시선의 권력을 백화점의 정치경제학의 관계 속에서 드러냈다는 점이다. 물론 이 시의 화자는 유하의 경우와는 달리 자신의 관음증적 시선을 정면으로 반성하지 않는다. 그러나 백화점 여점원에 대한 관음증적 시선 역시 정치경제학적 성찰의 대상이 될 수 있는 비판적 공간을 열어놓았다. 대도시의 에로티시즘에 대한 유하의 반성

13 이성욱, 위의 책, 243쪽.

이 다분히 실존적 문제에 가깝다면, 장정일의 정치적 성찰은 그것의 사회적 차원을 보다 명시적으로 문제화한다.

4. 시선의 탈주체화, 새로운 도시인의 탄생

도시공간에서의 시선의 문제에 있어, 남성 관음자의 욕망의 코드를 벗어난 문학 텍스트는 가능한가? 1990년대 이후 여성 문학가들의 활발한 창작은 이 문제를 새로운 차원으로 견인하고 있다. 도시적 스펙터클의 일부로서의 대상화된 여성의 몸이라는 관음증의 메커니즘을 전복할 수 있는 새로운 '여성적 응시'는 가능할까? 도시공간에서의 여성의 몸이 남성 관음자에 의해 물신화된 대상이 아니라, 새로운 응시의 열린 주체가 될 수 있을까? 혹은 도시공간에서의 근대적 시선 체계와 권력 관계를 교란하는 '탈시선의 모험', 그 미적 전유는 가능할까?

> 미궁의 유리문들이 점점 늘어난다. 길 위에 길이 세워지고, 물길 아래 물길이 세워진다. 너는 늘 떠나지만 멀리 가지 못하고 늘 제자리로 돌아온다. 새로운 길을 개척해보려 하지만, 늘 역시 그 자리로 돌아오고야 만다. 벙어리 네 그림자는 말하리라. 땅바닥에 누워 네 바짓가랑이를 잡고 늘어져서 말하리라. 이 길로 가서는 안 돼요. 그림자 언제나 길은 틀렸어요 말한다. 날마다 복선이 증가한다. 유리벽에 뭘 새길 수 있단 말인가. 그러나 너는 유리벽에 매달려 뭔가 새기려 하고 있구나. 꿈속에 있으면서 꿈속에 전령을 보내려고, 헛되이 허공 중에 고운 얼굴을 새기고 있구나. 미로는 날마다 골목 끝에 유리문을 세운다. 이 몸을 깨뜨리고 어떻게 밖으로 나가지? 내 몸 밖에서 누가 나를 아직도 부르고 있는데[14]

1990년대의 김혜순은 여성적인 몸의 시학을 통해 안과 밖의 경계가 없는 부풀린 도시공간의 몸을 묘사한다. '서울'이라는 공간에 대한 시적 묘사는 그로테스크한 죽음의 세계와 묵시록적 징후와 폭발적인 관능의 세계가 뒤섞여 있다. 문제는 그 공간과 풍경을 탈주체화하는 언술의 방식이다. 서울이라는 공간은 우선 유리문으로 구성된 미궁의 공간으로 묘사된다. 유리는 투명함을 기본적 성격으로 하지만, 그것은 단절과 소외의 공간을 만들어내는 이미지이다. 서울이라는 대도시를 수많은 유리벽으로 이루어진 미궁의 세계로 묘사하는 것은, 그 자체로 의미가 있다. 대도시는 그 공간의 압도적인 크기 내부에 수많은 유리벽들을 내장함으로써 그 안에 있는 인간에게 시야와 전망을 허락하지 않는다. 그 안에 수많은 유리방을 가진 대도시는 '길 찾기'가 봉쇄된 공간이다. 그곳으로부터의 탈출 역시 어려울 수밖에 없다. 미궁 안의 방들은 열려 있으면서 닫혀 있고, 입구가 출구이고 출구가 입구인 공간이다. 그 공간에서 바깥은 존재하지 않는다. 출구가 없는 공간 속의 사람들은 "설탕병에 빠진 개미", "실뭉치 속의 파리"처럼 비대한 서울의 몸 안에 갇혀 있을 수밖에 없다.

그런데 이 시가 대도시의 미로 속에서 길을 잃은 도시 산책자의 이미지만을 드러냈다면, 그 상상적 동력은 제한적일 것이다. 김혜순에게 독특한 것은 '나'와 도시의 관계를 주관과 대상의 관계, 시선의 주체와 시선의 대상의 관계로 설정하는 것이 아니라, '나'와 '너'라는 몸의 확장으로 도시공간을 설정한다는 것이다. '욕망의 총체'인 서울의 현실을 유리문으로 이루어진 닫혀 있는 비대한 몸의 공간으로 표상한다. 그 미궁의 세계는 몸 안 세계의 확장일 뿐이다. 서울이라는 미로를 탈출할 수 없는 것은, 몸 밖으로 출구를 찾을 수 없는 것과 같다. 그래서 서울의 공간은 나와 너

14 김혜순, 「서울」, 『나의 우파니샤드, 서울』(문학과지성사, 1994), 93쪽.

의 몸의 공간이며, 세계의 부정성은 그 몸의 부정성이다. 몸의 현실은 안과 밖, 나와 너, 주체와 대상, 꿈과 현실이 구별되지 않는 공간이다. 그곳은 차라리 꿈속의 꿈, 몸속의 몸의 공간이다. 그 몸의 상상적 동력은 "난자가 그녀의 집에 정자를 체포하는 것"과 같은 여성적 몸의 존재론으로부터 나온다. 미궁의 세계를 몸의 확장과 중첩이 만들어내는 세계로 보는 상상적 응시는, 근대적 산책자의 시선을 일거에 뛰어넘는다. 김혜순에 이르면, 도시공간을 대상화하는 시선의 특권적 지위는 무너지고, 그 공간은 몸의 상상적 위상학으로 대체된다. 여성적 몸을 둘러싼 상상적 모험은 도시 인간의 시선을 탈주체화한다.

> 한번도 휴일이 없었던 그곳에서 나는—나의 필요를 아는 척해주는 그곳에서 나는— 그러므로 누구도 만나지 않았고, 누구도 껴안지 않았다. 내가 편의점에 갔던 그사이, 나는 이별을 했고, 찾아갔고, 내가 누군가를 죽일 수도 있는 사람이라는 것을 깨달았다. 그러나 이 모든 것을 아무도 알지 못한다. 그 거대한 관대가 하도 낯설어 나는 어디를 봐야 할지 몰라 서성이고 있다. 당신이 만약 편의점에 간다면 주위를 잘 살펴라. 당신 옆의 한 여자가 편의점에서 물을 살 때, 그것은 손을 긋기 위함이며, 당신 앞의 소년이 휴지를 살 때, 그것은 병든 노모의 밑을 닦기 위함인지도 모른다는 것을. 당신은 이따금 상기해도 좋고 아니래도 좋다. 큐마트, 세븐일레븐, 패밀리마트는 모른다. 편의점의 관심은 내가 아니라 물이다, 휴지다, 면도날이다. 그리하여 나는 편의점에 간다. 많게는 하루에 몇 번, 적게는 일주일에 한번 정도 나는 편의점에 간다. 그리고 이상하게도 그사이, 내겐 반드시 무언가 필요해진다.[15]

15 김애란, 「나는 편의점에 간다」, 『달려라 아비』(창비, 2005), 57쪽.

2000년대의 서울은 수많은 편의점과 함께 다시 태어난다. 편의점은 2000년대 도시의 라이프스타일과 밀착된 공간이다. "사람들에게 습관이란 구원만큼 중요한 문제가 되었"기에, '24시간 편의점'은 '24시간' 도시인의 '편의'를 제공하는 공간으로 생활 속에 파고들어 순식간에 도시를 점령해버렸다. 도시인의 생활양식의 변화에 신속하게 반응하여, 그곳에는 필수적인 다양한 물품들이 표준화된 방식으로 투명한 유리와 환한 조명 아래 구비되어 있다. 2000년대의 젊은 작가가 편의점의 공간을 중심으로 도시인의 일상적 삶의 방식을 그려낸 것은 그래서 필연적이다.

김애란에게 이 공간은 무엇보다 도시적 삶의 패턴과 인간관계가 무엇인가를 집약적으로 보여주는 장소이다. 후기 산업사회의 도시적 삶이 소비의 생활화라는 방식으로 자기 존재를 실현하는 것이라면, 편의점은 그 일상적 소비의 장소로서 사회문화적 의미를 가진다. "내가 편의점에 갈 때마다 어떤 안심이 드는 건, 편의점에 감으로써 물건이 아니라 일상을 구매하게 된다는 생각 때문인지도 모르겠다. 비닐봉지를 흔들며 귀가할 때 나는 궁핍한 자취생도, 적적한 독거녀도 무엇도 아닌 평범한 소비자이자 서울 시민이 된다."[16] 그곳에서 도시인은 일상 자체를 구매하고, 그 구매와 소비의 행위를 통해 서울시민이라는 것을 입증한다. 이 소설의 사소한 에피소드들은 편의점을 매개로 한 인간관계가 무엇인가를 정확하게 드러내준다. 편의점에는 외상도 불가능하고 개인적인 부탁도 하기 힘들다. 철저히 표준화되고 투명한 화폐 교환의 관계 속에서만 사람들을 만날 수 있다. 점원들이 고객을 대하는 방식은 친절하지만 표준화 · 패턴화되어 있다. '무관심한' 친절과 배려는 도시적 인간관계의 핵심적인 특징이다.

---

16 김애란, 위의 책, 41쪽.

편의점에서 개인이 소비하는 물건들은 개인의 생활 내용을 알려주는 것이지만, 그 소비는 그러나 개인의 특성과 개성을 보장해주는 것도 아니다. 그 소비는 개인적이지만, 그 소비는 익명적이며, 개인성의 내용을 보장해주지 않는다. 그러니까 이 지점에서 '나'와 '편의점', 혹은 '편의점'의 당신들은 서로 구별되지 않는다. 이런 방식으로 '편의점'이라는 공간은 도시공간에서의 시선의 주체와 대상의 관계를 무화시켜버린다. 도시공간은 단지 '나'의 시선의 대상이 아니라, '나는 편의점에 간다'라는 소비행위가 끊임없이 반복되는 장소이고, 중요한 것은 그 공간에서 '나'를 실현하는 방식으로서의 일상적 소비이다. '나는 편의점에 간다. 고로 존재한다'라는 서사적 명제 속에서, 시선의 특권적 주체는 없다. 공간의 스펙터클을 통해 시선의 주체와 대상의 관계를 확립했던 현대 도시는 이제, 그 시선의 위계를 무너뜨리는 투명한 소비와 무관심의 제국을 만들어낸 것이다. 그 제국에는 시선의 주인이 없다. 이 도시의 '거대한 관대'는 친절한 지옥처럼, 매혹적이고 또한 두렵다.

제3장

박태원과 시선의 모험

1. 박태원의 도시와 글쓰기

박태원의 소설은 식민지 모더니즘의 선구적인 성취로서 평가되어왔다. 박태원의 소설세계에 대한 연구는 그의 모더니즘적 글쓰기를 이론적으로 규명하면서 후기에 그가 리얼리즘 작가로 변모해가는 과정에 초점이 맞추어진 바 있다. 그러나 문학 이념으로서의 모더니즘이라는 일반화된 강령에 대입하여 그의 글쓰기를 설명하는 방식이나, 그의 후기 소설의 성취를 강조하기 위해 그의 소설적 '진화'를 명명하는 논리는, '모더니즘/ 리얼리즘'이라는 이항대립적인 도식의 틀로 박태원의 문학을 환원하는 것이다. 박태원 소설의 모더니즘이 아니라, '모더니티'의 문제를 중심으로 사유할 때, 가장 중요하게 부각되는 것 중의 하나가 그의 도시 체험이다. 박태원은 이상과 함께 식민지 도시의 경험을 문학적으로 전유하려는 진보적인 시도를 보여준 작가이고, 그의 소설 기법의 '모더니즘'적 특징이라는 것들도 이런 도시 체험에 대응하는 감각의 변이와 관련되는 것들이다.

물론 「소설가 구보 씨의 일일」로 대표되는 박태원 소설에서의 전형적으로 드러나는 '도시 산책자'의 모티브에 대해서도 적지 않은 분석이 행해졌다.[1] 그런데 이 소설 속에 등장하는 주인공의 의식의 변이와 소설 기법상의 문제와의 연관성을 문제삼을 때, 가장 중요하게 떠오른 요소는 '시선'의 문제이다.[2] 이 소설은 사건의 인과적 연쇄를 드러내는 근대적 소설의 양식을 비껴가면서, 자유 연상과 상념의 끊임없는 병치가 주인공의 사소한 공간 이동이라는 서사적 모티브에 연결되어 있는 구조를 갖고 있다. 따라서 일반적인 의미에서의 '사건'을 중심으로 이 소설의 미학을 설명하는 것은 거의 의미가 없다. 오히려 글쓰기를 밀고 나가게 하는 것은 주인공의 시선의 모험이다. 이 시선의 문제는 단순히 카메라의 이동과 같은 기법적인 영역에만 국한되지 않는다. 그것은 식민지 모더니티를 경험하는 주체의 감각과 의식에 관련된 문제이다. 끊임없이 움직이면서 거리의 스펙터클 속을 방황하는 응시는 근대 이전의 원근법적인 응시와는 구별된다. 도시 산책자의 유동적인 응시는 세계의 중심에 위치하는 것이 아니라, 주의가 흩어지는 현기증 나는 상황 속에서 도시공간을 배회하는 근대적 경험이 전면화되어 있다. 도시 산책자는 세계를 전체적으로 조망하면서 자신의 통어력을 행사하는 것이 아니라, 대상 세계와의 거리가 소멸되어 군중의 익명적인 시선의 교차 속에서 '얼빠진 구경꾼'으로서 개인성을 상실하고 바깥세계에 흡수될 수 있다.[3] 문제는 어떻게 산책자가

---

1 박태원의 소설을 도시적 경험과 연관해서 탐구된 논문은 최혜실의 「산책자의 타락과 통속성」(『한국근대문학의 몇 가지 주제』, 소명출판, 2002)과 이성욱의 『한국근대문학과 도시문화』(문화과학사, 2004)가 있다.

2 박태원은 도시의 실물들을 눈앞에 보기 위해 대학 노트를 들고 다니면서 도시의 군중과 풍물을 기록했다고 스스로 진술한다(박태원, 「작가와 건강」, 『조선일보』, 1938. 1. 18).

3 주은우, 『시각과 현대성』(한나래, 2003), 396~397쪽.

자신의 개인성을 보존하면서, 도시적 일상성을 비판적으로 바라보는 시선의 공간을 유지할 수 있는가 하는 것이다. 따라서 이런 시선의 모험은 미학적인 것이면서 동시에 정치적인 것이다. 그 정치성은 시선의 주체가 시선의 대상을 바라보는 각도와 프레임의 문제이며, 박태원 소설의 모더니티는 이런 새로운 시선의 발견에 있다고 할 수 있다.

「소설가 구보씨의 일일」은 식민지 도시 경성에서의 시선의 모험을 기록한 것이라고 볼 수 있으며, 이것은 한국문학에서의 근대적 주체의 형성에 대한 중요한 과정을 암시한다. 고독을 피하려는 노력과 도시와의 친화성을 확보하려는 양가적인 노력 사이에서 구보의 '산책-글쓰기'는 진행된다. 여기서 시선의 모험이 일어나는 중요한 도시적 공간은 거리 · 전차 · 다방 · 경성역 같은 곳이며, 그 시선의 모험이 문제적으로 작동하는 대상은 여성이다. 이런 유동하는 시선은 삶의 의미와 행위의 방향을 설정하는 데 도움이 되는 아무런 좌표도 없이 자기 확인의 길을 가야 하는 근대적 개인의 운명을 날카롭게 보여준다. 이 소설에서 거리의 모더니티와 섹슈얼리티를 둘러싼 시선의 움직임은 박태원 소설의 미적 근대성의 중요한 국면이 된다.

2. 신체의 발견

이 소설은 소설가 구보의 하루 일과의 동선을 기록한 것이다. 3인칭 시점이지만, 서술자의 시선은 구보의 시선과 의식과 상당 부분 동일선에 위치한다. 자신의 의식과 상념을 기록의 대상으로 삼는 자기반영적인 기술을 이어가기 때문에, 소설의 문장은 자신의 생각을 둘러싼 추측을 담고 있으며, 3인칭은 자주 1인칭의 시선과 결합된다. 소설의 시작은 '어머니'

의 시점이다. 이 소설이 어머니의 시선으로부터 시작하고, 결국 어머니의 '집'으로 귀환하는 구조로 되어 있기 때문에, 모성적인 행복에 대한 퇴행적인 의식으로 규정할 수도 있다. 하지만, 이 문제는 소설 본문 내부의 구보의 시선의 모험과 함께 그 아이러니를 분석해야 하는 문제이다. "직업과 아내를 갖지 않은, 스물여섯 살짜리 아들은, 늙은 어머니에게는 온갖 종류의, 근심, 걱정거리였다. 우선, 낮에 한번 집을 나서면, 아들은 밤늦게나 되어 돌아왔다."[4] 여기서 우선 드러나는 것은 구보의 사회적인 위치이다.

"어디 월급 자리라도 구할 생각은 없이, 밤낮으로 책이나 읽고 글이나 쓰고, 혹은 공연스레 밤중까지 쏘다니고 하는 아들이, 보기에 딱하고, 또 답답하였다."[5] 모성의 눈에 비친 아들의 이런 행태는 정상적인 사회적 생산자가 아닌 룸펜 지식인 작가로서의 구보의 위치를 설명하는 것이며, 그것은 거리로 나온 구보의 시선이 가지는 사회적 함의를 설명해준다. "어머니는, 고등학교를 졸업하고도, 또 동경엘 건너가 공불하고 온 내 아들이, 구해도 일자리가 없다는 것이 도무지 믿어지지가 않았다."[6] 룸펜 지식인으로서의 구보에 대한 어머니의 시선은 구보의 존재에 대한 사회적 시선을 함축한다. 결혼과 취직이라는 제도적 공간으로 안착하지 못하는 존재로서의 구보는 불안정한 사회적 존재로서의 자신을 설정한다. 이것은 실제로 식민지 시대 한인 지식인 계층은 산업구조의 왜곡과 한인 차별 등으로 실업자가 되어 근대 경성 거리를 배회했다는 역사적 사실에 바탕하고 있다. 그러나 구보의 존재가 이런 사회역사적 사실들에 대한 객관적

---

4 박태원(천정환 엮음), 『소설가 구보씨의 일일』(문학과지성사, 2005), 89쪽.

5 위의 책, 90쪽.

6 위의 책, 93쪽.

반영이라는 차원에서만 의미를 갖는 것은 아니다. 문제는 이 룸펜 지식인이 도시의 산책자로서 시선의 모험을 진행하는 과정이며, 그 과정에서 감각과 의식이 언어화되는 방식이다.

이 소설에서 구보의 동선의 궤적은 광교－종로 네거리－전차－다방－대한문－경성역－조선은행 앞－다방－조선호텔 앞－종로 술집－집으로 끊임없이 움직이는 데, 그 움직임의 양상은 크게 세 가지로 대별된다. 우선 하나는 혼자 걷고 있을 때와 전철을 타고 있을 때, 사람을 만났을 때이다. 혼자 걷고 있을 때 구보의 시선은 자기반영성이 강해진다. 거리로 나온 첫 장면, "그는 어딜 갈까, 생각해본다. 모두가 그의 갈 곳이었다. 한군데라도 그가 갈 곳은 없었다."[7] 어디든 갈 수 있지만, 가야 할 목적지가 뚜렷하지 않은 것, 이것이 룸펜 지식인으로서의 구보의 산책이 갖는 성격이다. 그런데 "한낮의 거리 위에서 구보는 갑자기 격렬한 두통을 느낀다. 비록 식욕은 왕성하더라도, 잠은 잘 오더라도, 그것은 역시 신경쇠약에 틀림없었다."[8] 구보가 거리에서 처음 만나는 것은 흥미롭게도 자기 신체의 증상이다. '신경쇠약'과 '중이 질환', '시력'에 관한 구보의 자기 진단은 신체에 대한 자의식을 전면적으로 드러낸다. 거리에서의 개인이 가장 먼저 만나는 것이 자기 신체 자체라는 것은 아이러니하다.

문제적인 것은 자기 신체의 취약함에 대한 발견이 거리에서 만나는 타인의 육체와의 접촉을 계기로 한다는 점이다. 거리로 나와서 구보가 처음 접촉한 것은 자전거를 탄 젊은이이다. "구보는 갑자기 옆으로 몸을 비킨다. 그 순간 자전거가 그의 몸을 가까스로 피해 지났다. 자전거 위의 젊은

---

7 위의 책, 94쪽.
8 위의 책, 94쪽.
9 위의 책, 95쪽.

이는 모멸 가득한 눈으로 구보를 돌아본다. 그는 구보의 몇 칸통 뒤에서 요란스레 종을 울렸던 것임에 틀림없었다."[9] 자전거의 종소리를 듣지 못하고 걸어가던 구보에게 쏟아진 첫 번째 타인의 시선은 "모멸 가득한 눈"이다. 거리에서 만난 첫 번째 타인의 시선이 갖는 이러한 성격은 거리에서의 구보의 위치를 드러낸다.

이와 같은 양상은 이 소설에서 다시 반복된다. 종로 네거리에서 "갑자기 한 사람이 나타나 그의 앞을 가로질러 지난다. 구보는 그 사내와 마주칠 것 같은 착각을 느끼고, 위태롭게 걸음을 멈춘다. 그리고 다음 순간, 구보는 이렇게 대낮에도 조금의 자신을 가질 수 없는 자기의 시력을 저주한다."[10] 타인에 대한 공포는 자기 신체의 취약성 때문이지만, 역으로 타인에 대한 공포가 자기 신체에 대한 부정적 자의식을 강화한다. '신경쇠약'과 '중이 질환'과 '시력 장애'를 가진 산책자는 타인과 소통하는 데 근본적인 신체적 한계가 있는 자이다. 이것은 두 가지 맥락을 갖는다. 실제로 구보가 그런 신체적 장애를 가졌다고 가정한다면, 그것은 그의 산책이 가지는 기본적인 취약성을 말해주는 것이며, 다른 한편으로는 자기 신체의 약점을 과잉 분석하는 주인공의 자기반영적 의식을 드러내는 것으로 볼 수 있다.

3. 우연한 타인의 시선

구보의 산책에서 반복되는 또 하나는 타인의 행복과 불행을 발견했을 때의 이중적 시선이다. 구보가 거리에서 우연히 목격하는 사람들을 엿보

---

10 위의 책, 96쪽.

는 시선은 이 소설에서 중요한 사회적 의미를 함유한다. 먼저 백화점에서 젊은 내외를 만난다. "젊은 내외가, 너덧 살 되어 보이는 아이를 데리고 그곳에 가 승강기를 기다리고 있었다. 이제 그들은 식당으로 가서 그들의 오찬을 즐길 것이다. 흘낏 구보를 본 그들 내외의 눈에는 자기네들의 행복을 자랑하고 싶어 하는 마음이 엿보였는지도 모른다. 구보는, 그들을 업신여겨볼까 하다가, 문득 생각을 고쳐, 그들을 축복해주려 하였다."[11] 구보가 그들을 엿보는 시선은, 그들 내외의 눈과 만난다. 구보는 그들이 "행복을 자랑하고 싶어 하는 마음"을 드러냈다고 생각한다. 이때 구보는 혐오감과 부러움 사이에서 그들을 축복해주려 마음먹는다. 이런 이중적인 의식은 가정과 직업의 세계와는 떨어져 있는 구보의 사회적 위상과 연관된다. 그럴 때 구보의 시선과 의식은 다시 자신의 신체와 자신의 실존을 향한다. "구보는 다시 밖으로 나오며, 자기는 어디 가 행복을 찾을까 생각한다. 발 가는 대로, 그는 어느 틈엔가 안전지대에 가 서서, 자기의 두 손을 내려다보았다. 한 손의 단장과 또 한 손의 공책과—물론 구보는 거기에서 행복을 찾을 수는 없다."[12] 행복한 젊은 부부가 시야에서 벗어났을 때, 구보는 자신의 손을 내려다본다. 이런 시선의 이동은 이 소설에서 반복된다. 타인에 대한 시선이 자기 신체와 자기 내면으로의 시선으로 되돌아오는 이러한 양상은 박태원의 도시 산책자가 가지는 경험의 내적 성격을 말해준다. 그렇게 자신의 손을 들여다보았으나 '한 손의 단장과 또 한 손의 공책' 밖에 그가 소유하고 있는 것은 없다. '단장'과 '공책'은 룸펜 산책자 구보의 위치를 정확하게 상징하는 것들이다. 그는 '단장'에 의지해서 소요하는 자이며, 뭔가 관찰하고 생각하고 기록할 것을 '공책'에

11 위의 책, 97쪽.
12 위의 책, 97쪽.

옮겨 적는 기록자이다. 소요하고 기록하는 자는 일상적인 제도적 삶에 속해 있는 사람들의 행복에 대한 혐오와 동경 사이에서 서성이는 자이다. 행복한 부부를 마주친 공간이 식민지 자본주의의 물신화의 공간인 '백화점'이었다는 것은 그래서 의미심장하다.

거리에서 소요하는 구보와 전차 안의 구보의 시선은 다르다. 그는 왜 전차를 타는가? "전차가 왔다. 사람들은 내리고 또 탔다. 구보는 잠깐 멍하니 그곳에 서 있었다. 그러나 자기와 더불어 그곳에 있던 온갖 사람들이 모두 저 차에 오른다고 보았을 때, 그는 저 혼자 그곳에 남아 있는 것에, 외로움과 애달픔을 맛본다. 구보는, 움직인 전차에 뛰어 올랐다."[13] 구보가 전차에 오르는 계기는 이 소설에서 구보의 행위가 일반적으로 그러한 것처럼, 우연적이고 충동적이다. 산책자는 목적지가 뚜렷하지 않기 때문이다. 주위의 사람들이 모두 전차에 올라타고 자신만 남겨질 것이라는 '외로움과 애달픔' 은 충동적으로 전차에 뛰어오르게 만든다. 계획적인 승차가 아니었기 때문에, 어디에 내려야 할지를 알지 못한다. "갈 곳을 갖지 않은 사람이, 한번 차에 몸을 의탁하였을 때, 그는 어디서든 선불리 내릴 수 없다."[14] 그가 한적한 곳을 즐기지 못하는 것은 '고독'에 대한 두려움 때문이다. "장충단으로, 청량리로, 혹은 성북동으로…… 그러나 요사이 구보는 교외를 즐기지 않는다. 그곳에는, 하여튼 자연이 있었고 한적이 있었다. 그리고 고독조차 그곳에는, 준비되어 있었다. 요사이, 구보는 고독을 두려워한다."[15] 거리에서 만나는 타인들의 세계 속에서 결국 자신의 안으로 돌아오는 시선을 경험하는 산책자는, 그럼에도 불구하고 한

13 위의 책, 98쪽.
14 위의 책, 99쪽.
15 위의 책, 99쪽.

적한 세계에서의 고립감을 두려워한다.

4. 시선과 섹슈얼리티

구보가 엿보는 시선 가운데 가장 문제적인 대상 중의 하나가 여성이다. 이 소설 속에서 구보는 여러 명의 여자에게 시선을 준다. 그런데 그 시선의 패턴은 반복된다. 전차에서 구보는 작년 여름에 한 번 만났던 여자를 우연히 만난다. 이 우연한 만남에서 구보는 다만 여자를 곁눈질한다. "여자의 옆얼굴을 곁눈질하였다. 그리고 다음 순간, 그와 눈이 마주칠 것을 겁하여 시선을 돌리며, 여자는 혹은 자기를 곁눈질한 남자의 꼴을, 곁눈으로 느꼈을지도 모르겠다고 그렇게 생각하여본다. 여자는 남자를 그 남자라 알고, 그리고 남자가 자기를 그 여자라 안 것을 알고 있을지도 모른다."[16] 여자를 훔쳐보는 구보의 시선은, 자신이 훔쳐보고 있다는 것을 여자가 알고 있을 것 같은 불안감에 싸인다. 타인의 시선을 의식함으로써 개인은 부끄러움을 경험한다. 도시적 만남에서 이런 시선의 구조는 훔쳐보는 자가 자신을 인지하고 있는 대상에 의해 노출되어 있을 때, 자신 역시 불안과 부끄러움을 경험할 수밖에 없는 이중성을 띤다. 이 불안감 때문에 구보는 여자에게 다가갈 기회를 놓치고 여자는 전차에서 내린다.

전차에서의 여성에 대한 구보의 엿보기는 이 소설에서 섹슈얼리티의 문제를 본격적으로 제기하게 만든다. 전차에서 구보는 또 한 명의 여자를 발견한다. "그 여자는 자기의 두 무릎 사이에다 양산을 놓고 있었다. 어느 잡지에선가, 구보는 그것이 비(非)처녀성을 나타내는 것임을 배운 일이

16 위의 책, 101쪽.

있다. 딴은, 머리를 틀어 올렸을 뿐이다. [……] 아까, 그는 양산을 어디다 놓고 있었을까 하고, 구보는 생각을 하다가, 여성에 대해 그러한 관찰을 하는 자기는, 혹은 어떠한 여자를 아내로 삼든 반드시 불행하게 만들었지나 않을까, 하고 생각하였다."[17] 구보의 시선 체계에서 여자는 "알맞도록 아름답고 깨끗한 여자"로서의 결혼 대상자와 '노는계집'으로 나뉜다. 결혼 대상자로서의 여자에 대한 구보의 시선은 온전한 가족을 이루지 못한 룸펜 지식인으로서의 자기 인식과 연결되어 있다. 그때 구보는 그 여자에 대한 동경과 호기심, 그리고 자신의 무능에 대한 자괴감 사이에서 흔들린다.

거리에서 우연히 만난 '전당포집 둘째아들'과 할 수 없이 차를 마시게 되었을 때, "구보는 자기 뒤를 따라오는 한 여성을 보았다. 그는 한 번 흘낏 보기에도, 한 사내의 애인 된 티가 있었다. 어느 틈엔가 이런 자도 연애를 하는 시대가 왔나. 새삼스러이 그 천한 얼굴이 쳐다보였으나, 그러나 서정 시인조차 황금광으로 나서는 때다."[18] 자신이 존중하지 않는 자에게 연애하는 여성이 있을 때, 구보는 '이런 자도 연애를 하는 시대'에 대한 자괴감에 빠진다. 그것은 여성에 대한 구보의 엿보기의 심층에 놓여 있는 자기 인식과 연관되어 있다. 그 남자의 애인에 대한 구보의 상상은 보다 노골적이다. "구보는, 문득, 여자의 벌거숭이를 아무 거리낌 없이 애무할 그 남자의, 야비한 웃음으로 하여 좀더 추악해진 얼굴을 그려보고, 그리고 마음이 편하지 못했다. 여자는, 확실히 어여뻤다. [……] 남자와 같이 '가루삐스'를 먹자고 권하는 것을 물리치고, 한 접시의 아이스크

---

17 위의 책, 104쪽.
18 위의 책, 118쪽.
19 위의 책, 119쪽.

림을 지망할 수 있도록 여자는 총명하였다."[19] 구보의 시선 속에서 여자가 예쁘고 총명했기 때문에, 그 여자를 소유한 남자에 대한 구보의 혐오감 혹은 불편함은 강화된다. 그리고 왜 그들이 연인인가에 대해 분석한다. "구보는, 그러한 여자가 왜 그자를 사랑하려 드나, 또는 그자의 사랑을 용납하는 것인가 하고, 그런 것을 괴이하게 여겨본다. 그것은, 그것은 역시 황금 까닭일 게다. 여자들은 그렇게도 쉽사리 황금에서 행복을 찾는다. 구보는 그러한 여자는 가엾이, 또 안타깝게 생각하다가, 갑자기 그 사내의 재력을 탐내본다."[20] 자신이 무시하는 남자가 어여쁘고 총명한 여자를 소유했을 때, 구보는 그 여자가 '황금' 때문에 그를 사랑하고 있다고 추측한다. 이 추측은 룸펜 지식인 구보의 열등감과 자기 합리화와 연관되어 있다. 이런 논리를 합리화하기 위해 다시 구보는 "또 생각해보면 어딘지 모르게 저속한 맛이 있었다. 결코 기품 있는 인물은 아니다. 그저 좀 예쁠 뿐……"[21]이라는 방식으로 여자를 폄하하며 자위한다. 섹슈얼리티의 측면에서 중요한 것은, 도시의 여자들을 훔쳐보는 구보의 시선이 여성을 성적 대상으로 인식할 때, 그 시선 체계 속에서 여성은 온전한 성적 주체가 될 수 없다는 것이다. 그런 시선 체계 속에서 여성은 언제나 동경과 혐오감의 양가적 대상으로서만 존재한다.

흥미로운 것은 이러한 시선 체계 속에 '황금'에 대한 구보의 이중적 태도가 개입되어 있다는 것이다. 여기에, '황금광 시대'를 부인할 수는 없지만, 그것을 쫓아갈 수도 없는 룸펜 지식인의 딜레마가 놓여 있다. "남자는 여자의 육체를 즐기고, 여자는 남자의 황금을 소비하고, 그리고 두 사람은 충분히 행복할 수 있을 게다. 행복은 지극히 주관적인 것이

20 위의 책, 119쪽.
21 위의 책, 120쪽.

다……"[22] 두 사람의 관계가 육체와 황금의 교환이라고 치부하는 것은, 여성의 소유를 둘러싼 구보의 자기 합리화와 열등감이 반영되어 있는 것이지만, 그것은 동시에 로맨스의 세계가 근대적 교환가치의 지배 속에 있다는 것에 대한 룸펜 지식인의 자각이다. 그것을 주관적인 '행복'이라고 인정하는 것은 교환가치가 지배하는 현실에 대한 인정과 더불어 그로부터 자신의 개별성을 보호하려는 욕구를 동시에 보여주는 것이라고 할 수 있다. 황금에 대한 구보의 자의식은 다방에서 생명보험 회사의 외교원이라는 사내가 구보의 애독자라고 자청하는 데에 대한 불쾌감을 드러내는 데서도 확인된다. "그는 한 잔 십 전짜리 차들을 마시고 있는 사람들 틈에서 그렇게 몇 병명씩 맥주를 먹을 수 있는 것에 우월감을 갖고, 그리고 지금 행복이었을지도 모른다"[23]고 짐작한다. 이 속물적인 인간에게 구보가 하는 응징은 원고료를 묻는 그에 대해 "상대자가 모멸을 느낄지도 모를 것을 알면서도 불쑥, 자기는 이제까지 고료라는 것을 받아본 일이 없어, 그러한 것은 조금도 모른다"[24]고 대답하는 것이다.

무직자로서의 금광 브로커로 여겨지는 사람을 보면서도 구보는 자신의 사회적 위치를 다시 생각한다. "황금을 찾아, 그것도 역시 숨김없는 인생의, 분명히, 일면이다. 그것은 적어도, 한 손에 단장과 또 한 손에 공책을 들고, 목적 없이 거리로 나온 자기보다는 좀 더 진실한 인생이었을지도 모른다."[25] 단장과 공책을 들고 목적 없이 거리를 쏘다니는 자신에 비해 황금이라는 분명한 목적을 가지고 움직이는 사람들에 대해 그들의 '황금광 시대'에 대해 구보는 한숨이 새어나온다. 그 한숨은 황금을 좇는 그들

---

22 위의 책, 120쪽.
23 위의 책, 145쪽.
24 위의 책, 146쪽.
25 위의 책, 117쪽.

에 대한 단순한 혐오감이라기보다는, 문인들조차 황금에 뛰어드는 상황에 대한 무력감이다. 오히려 구보는 "황금의 매력, 그러한 것들을 보고, 느끼고, 하고 싶었다."[26] '황금광 시대' 역시 구보에게는 관찰의 대상이다. 그러나 룸펜 지식인 작가로서의 무력감에도 불구하고 구보는 세속 세계에 대한 관찰자로서의 자신의 '산책-글쓰기'의 태도를 유지하려 애쓴다. 이런 측면에서 이 소설의 자기 반영적 글쓰기는 현대적인 작가의식의 소산이다.

구보는 자신의 상념 속에서 '통제를 잃은 성 본능'을 가진 벗의 불행을 기억한다. "그 벗은 아름답지도 총명하지도 않은 한 여성을 사랑하고, 여자는 또 남자를 오직 하나의 사내라 알았을 때, 비극은 비롯한다. 여자가 어느 날 저녁 남자와 마주앉아 얼굴조차 붉히고, 그리고 자기가 이미 홀몸이 아님을 고백하였을 때, 남자는 어느 틈엔가 그 여자에게 대해 거의 완전히 애정을 상실하고 있었다."[27] 구보의 벗에게 여자는 성적 대상으로 존재했지만, 여자가 아기를 가지게 되었을 때, 남자는 애정을 상실한다. 아기를 낳아 남자를 찾아온 여자는 '가정의 틈입자'일 뿐이고, 아기의 울음소리는 '진노한 신'의 울음소리처럼 들린다.

여성에 대한 동경과 혐오는 그들을 일종의 위태로운 존재로 인식하는 데서 다시 드러난다. 종로 네거리에서의 '노는계집'에 대한 구보의 시선은 이러하다. "종로 네거리에 서서, 그곳에 황혼과, 또 황혼을 타서 거리로 나오는 노는계집의 무리들을 본다. 노는계집들은 오늘도 무지(無智)를 싸고 거리로 나왔다. 이제 곧 밤이 올 게요. 그리고 밤은 분명히 그들의 것이었다. 구보는 포도 위에 눈을 떨어뜨려, 그곳에 무사한 화려한 또한

26 위의 책, 117쪽.
27 위의 책, 127쪽.

화려하지 못한 다리를 보며, 그들의 걸음걸이를 가장 위태롭다 생각한다."[28] '노는계집'들은 '숙녀화'를 신고 있고, 그들은 모두 서투르고 부자연한 걸음걸이를 갖는다. 그들의 '위태로움'을 보는 것은, 그러나 구보의 시선이다. 그들은 다만 자신들의 걸음걸이가 불안정한지 깨닫지 못하는 무지의 존재들이다. "그들의 세상살이의 걸음걸이가, 얼마나 불안정한 것인가를 깨닫지 못한다. 그들은 누구 하나 인생의 확실한 목표를 가지고 있지 않았으나, 무지는 거의 완전히 그 불안으로부터 그들의 눈을 가려준다."[29] '노는계집'의 걸음걸이를 위태롭다고 여기는 구보의 시선은 성적 대상으로서의 여성에 대한 시선에 도덕적 관점을 개입시킨다. 거기에서 구보의 시선은 '노는계집'에 대한 관음과 혐오 사이에서 시선의 우월적 지위를 보존한다.

거리의 여자에 대한 구보의 이러한 시선은 계속적으로 반복된다. "결코 환하지 못한 이 거리, 가로수 아래, 한두 명의 부녀들이 서고, 혹은, 앉아 있었다. 그들은, 물론, 거리에 봄을 파는 종류의 여자들은 아니었을 게다. 그래도, 이 밤 들면 언제나 쓸쓸하고, 또 어두운 거리 위에 그것은 몹시 음울하고도 또 고혹적인 존재였다. 그렇게도 갑자기, 부란된 성욕을, 구보는 이 거리 위에서 느낀다."[30] 매춘부가 아니라 하더라도 어두운 거리에 나와 있는 부녀들에 대한 구보는 성적인 시선의 대상으로 여성을 인식한다. 만약 구보가 마주친 여성의 외모가 아름답지 않다면, 그것은 그녀의 내적 결함을 의미한다. "마침 앞을 지나던 한 여자가 날카롭게 구보를 흘겨보았다. 그의 얼굴은 결코 어여쁘지 못했다. 뿐만 아니라 무엇이 그

28 위의 책, 129쪽.
29 위의 책, 129쪽.
30 위의 책, 142쪽.

리 났는지, 그는 얼굴 전면에 대소 수십 편의 삐꾸를 붙이고 있었다. 응당 여자는 구보의 웃음에서 모욕을 느꼈을 게다."[31] 외모에 결함이 있는 여자는 구보의 웃음을 오해하고 공격적인 시선을 보낸다. 문제는 그녀의 공격적 시선이 그녀의 외모 때문에 비롯되었을 것이라고 여기는 구보의 시선이다.

카페 여급에 대한 구보의 태도 역시 그러하다. "그들은 대화의 대부분을, 물론 계집들은 알아듣지 못하였다. 그러면서도 그들은 능히 모든 것을 이해할 수 있었던 듯이 가장하였다. 그러나, 그것은 결코 죄가 아니었고, 또 사람은 그들의 무지를 비웃어서는 안 된다. 구보는 펜을 잡았다. 무지는 노는계집들에게 있어서, 혹은 없어서는 안 될 물건이나 아닐까. 그들이 총명할 때, 그들에게는 괴로움과 아픔과 쓰라림과 [……] 그 온갖 것이 더하고 불행은 갑자기 나타나 그들의 마음을 사로잡고 말게다."[32] 여급들의 무지는 그녀들의 존재의 조건이고, 그 무지 때문에 그들은 기쁨과 다행함을 가질 수 있다는 것이다. 무지한 여성에 대한 구보의 이런 시선은 그들의 무지를 이해하는 것이기보다는 여성에 대한 시선의 이중성과 비대칭성과 연관되어 있다. 동경과 혐오라는 이중적 시선에서 여급 역시 연민과 경멸의 동시적 시선의 대상이며, 시선의 일방적 주체로서의 구보의 의식은 여급들의 무지를 꿰뚫어보면서, 그들과 어울리는 것에 대해 우월적인 즐거움을 갖는다.

다시 들른 다료에서 구보는 또 한 명을 여인에게 시선을 준다. 청년이 여인과 함께 차를 마시고 있는 것을 보고, "그의 여인은 그에게 그렇게도 용이하게 미소를 주었던 까닭에, 구보는 그 청년에게 엷은 질투와 선망을

---

31 위의 책, 142쪽.

32 위의 책, 154쪽.

느끼지 않으면 안 되었다."[33] 여인의 미소를 받는 젊은이의 명랑함에 대한 구보의 부러움과 애수는 구보의 벗이 말한 '독신자의 비애'로 모두 설명되지는 않는다. 문제는 여성에 대한 구보의 시선 체계가 갖는 반복되는 패턴이다. 동경과 부러움, 혐오와 자기 합리화는 근대 도시공간에서 남성 관음자의 전형적인 시선의 유형이 된다.

동경에서 만났던 여자에 대한 구보의 추억 역시 이런 양상을 띠고 있다. 동경의 가을, 우연히 한 여자의 노트를 발견하고 그 미인이고 총명했던 노트 주인과의 로맨스가 시작된다. 그러나 "여자는 그가 구보와 알기 전에 이미 약혼하고 있었던 사내의 문제를 가져, 구보의 결단을 빌었다. 불행히 그 사내를 구보는 알고 있었다."[34] 구보는 이런 상황에서 비겁한 자신을 만난다. "사실 나는 비겁하였을지도 모른다. 한 여자의 사랑을 완전히 차지하는 것에 행복을 느껴야만 옳았을지도 모른다. 의리라는 것을 생각하고, 비난을 두려워하고 하는, 그러한 모든 것이 도시 남자의 사랑이, 정열이, 부족한 까닭이라, 여자가 울며 탄식하였을 때, 그 말은 그 말은, 분명히 옳았다. 옳았다."[35] 여성에 대한 구보의 태도는 이런 윤리적인 강박과 주저에서 나오는 것이지만, 그것은 사실, 여성을 욕망의 주체가 아니라, 남성적 질서의 부속물로 이해하는 태도와 무관하지 않다. 자신의 약한 기질에 대한 한탄은 여성에 대한 이러한 가치 체계와 얽혀 있다. 여성에 대한 구보의 무능과 그에 대한 회한은 사실 식민지 근대에서의 '신여성'이 처한 불안정한 위치와 무관하지 않다. "여자를 사랑하였으면서도 자기는 결코 여자를 행복하게 해주지는 못할 게라고, 그 부전

---

33 위의 책, 131쪽.
34 위의 책, 137쪽.
35 위의 책, 137쪽.

감(不全感)이 모든 사람을, 더욱이 가엾은 애인을 참말 불행하게 만들어버린 것이 아니었던가."[36] 로맨스의 세계에서 여성에 대한 책임을 다하지 못했다는 자괴감은, 여성을 남성이 책임져야 할 존재로 대상화하는 시선의 결과이다.

"애인도 좋았다. 애인 아닌 여자도 좋았다. 구보가 지금 원함은 한 개의 계집에 지나지 않는지도 몰랐다. 또는 역시 어질고 총명한 아내라야 하였을지도 몰랐다. 그러다가 구보는, 문득, 아내도 계집도 말고, 십칠팔세의 소녀를, 만약 그럴 수 있다면, 딸을 삼고 싶다고 그러한 엄청난 생각을 해보았다."[37] 여자에 대한 이런 '세 개의 욕망'에 대해 구보는 그것이 '고독'이 빚어내는 상상이라고 말하지만, 이 '세 개의 욕망'은 그러나 여성을 대상화하는 방식에 있어서 거의 동일한 것이다. 소설의 마지막에 등장하는 소복을 한 여성에 대해 구보는 연민의 시선을 보낸다. 그 여자는 여급을 모집하는 광고를 보고 있다. "그의 처녀 시대에 그는 응당 귀하게 아낌을 받으며 길러졌을지도 모른다. 그의 핏기 없는 얼굴에는 기품과, 또 거의 위엄조차 있었다."[38] 구보가 그 여자에 대해 갖는 연민은 그러나 여급의 무지에 대해 갖는 연민과 동일한 시선의 체계 내에 있다. "그의 시야에 든 온갖 여급을 보며, 대체 그 아낙네와 이 여자들과 누가 좀 더 불행할까 누가 좀 더 삶의 괴로움을 맛보고 있는 걸까? 생각해보며 한숨지었다."[39] 구보의 시선 공간 안에서 여급과 아낙네는 모두 불행과 괴로움으로부터 자유롭지 못한 존재이고, 그것에 대한 구보의 연민은 그 시선의 비대칭성 안에서 유사한 것이다. 구보는 여성적인 대상을 바라보는 주체

---

36 위의 책, 139쪽.
37 위의 책, 147~148쪽.
38 위의 책, 155쪽.
39 위의 책, 155쪽.

이고, 여성은 언제나 그 시선의 대상으로서 구보의 심미적 · 윤리적 평가의 대상이 된다. 거꾸로 여성의 시선을 의식할 때, 구보가 갑자기 수치심을 느끼는 것은 여성적 시선의 대상으로 자신이 한낱 즉자적인 객체가 되었을 때의 부끄러움을 의미한다. 그런 경우에 구보는 보는 자로서의 자신의 지위를 유지하기 위해 그 시선을 피할 수밖에 없다. 구보의 시선 체계 안에서 여성적인 존재는 자유로운 주체성을 박탈당한다.

5. 다방 혹은 경성역

다방이라는 공간은 구보에서 중요한 의미를 가진다.[40] 이 소설에서 구보의 동선은 다방을 거점으로 세 차례에 걸친 도시 산책이 이루어지는 것으로 되어 있고, 이것은 다방 '낙랑팔라'를 중심으로 한 실제의 작가 박태원의 일상적 동선과 일치하는 것이기도 하다. 다방은 산책의 거점으로서 그가 산책에서 얻는 상념을 기록하거나, 그곳에서 벗과 조우하거나, 타인의 시선을 경험하는 장소이다. 다방의 경험과 산책의 경험은 그 감각과 의식에서 유사한 구조를 갖는다.[41] 전차에서 내린 구보가 다방에

40 1930년대 작가들, 특히 구인회 출신 작가들에게 다방이 얼마나 중요한 공간이었는지는 그들에게서 가장 기억에 남는 공간이 다방이라고 술회하는 것에서도 짐작할 수 있다(이태준, 「구인회에 대한 난해, 기타」, 『조선일보』, 1935. 8. 1).

41 "카페는 산책자가 거리 산책을 할 때 느끼는 방심 상태를 거의 똑같이 보여준다는 점에서 근대 도시 산책과 동일한 구조를 갖는다. 산책과 마찬가지로 카페 체험도 행위에의 무관심을 조장하는 환경 요인이 된다. 여기에서는 산책 때와 마찬가지로 이웃 사람에 대해 간섭할 필요도 없으므로 손님은 방심 상태가 되어 현실로서 목적의식이 있는 행동을 하지 않고 국외자의 입장이 되어 그 풍경을 관찰하는 것이다. 따라서 카페는 산책자의 의식 구조와 어울리게 되고 이런 이유들로 해서 카페는 1930년대 예술가들의 집합지가 되게 된다"(최혜실, 「산책자의 타락과 통속성」, 『한국근대문학의 몇 가지 주제』, 소명출판, 2002, 41~42쪽).

들렀을 때, "오후 두 시, 일을 가지지 못한 사람들이 그곳 등의자에 앉아, 차를 마시고, 담배를 피우고, 이야기를 하고, 또 레코드를 들었다. 그들은 거의 다 젊은이들이었고, 그리고 그 젊은이들은 그 젊음에도 불구하고, 이미 자기네들은 인생에 피로한 것같이 느꼈다. 그들의 눈은 그 광선이 부족하고 또 불균등한 속에서 제각각의 우울과 고달픔을 하소연한다."[42] 오후의 다방이란 '일을 갖지 못한 사람들'의 공간이다. 구보의 시선은 그들의 젊음과 피로와 우울을 동시에 본다. 그 공간은 익명의 개인들을 훔쳐볼 수 있는 공간이면서, 우연히 아는 사람을 만날 수도 있는 공간이다. 그것에서 개인들의 심성과 기분과 취향을 엿볼 수 있다. "구보는 차를 마시며, 문득, 끽다점에서 사람들이 취하는 음료를 가져, 그들의 성격, 교양, 취미를 어느 정도까지 알 수 있을 것이 아닌가, 하고 생각하여본다. 그리고 그것은 동시에, 그네들의 그때의 기분조차 표현하고 있을 게다."[43] 도시공간의 탄생과 함께, 개인의 취향의 세계가 그들의 기분과 개성을 표현하는 형식이 된다. 구보는 그 도시공간의 취향의 위계를 관찰하는 자이다.

우연히 벗이 소개해준 적이 있는 사람이 다방으로 들어온다. 그는 소개받을 때, 구보에 대해 알고 있다고 했다. 그러나 어두운 거리에서 그를 소개 받았기 때문에, 그 다음에 그를 알은체 못했다. "자기를 볼 때마다 황당하게, 또 불쾌하게 시선을 돌리는 그 사내를 구보는 오직 괴이하게만 여겨왔다. 괴이하게만 여겨오는 동안은 그래도 좋았다. 마침내 구보가 그를 알아낼 수 있었을 때, 그것은 그의 마음에 암영을 주었다. 그 뒤로부터 구보는 그 사내와 시선이 마주치면, 역시 당황하게 그리고 불안하게 고개

---

42 박태원(천정환 엮음), 『소설가 구보씨의 일일』(문학과지성사, 2005), 107쪽.
43 위의 책, 118쪽.

를 돌리는 수밖에 없었다. 그것은 사람의 마음을 우울하게 해놓는다. 구보는 다방 안의 한 구획을 그의 시야 밖에 두려 노력하며, 사람과 사람 사이의 교섭의 번거로움을 새삼스러이 느끼지 않으면 안 된다."[44] '사람과 사람 사이의 교섭의 번거로움'은 도시공간에서 거의 전적으로 시선의 문제에 귀착된다. 모욕감을 느끼고 있는 사람의 시선과 마주치지 않기 위해 노력해야 하는 다방이라는 공간. 그곳은 어떤 만남도 가능한 것이지만, 타인과의 시선의 투쟁을 감수해야 하는 곳이다. 관음증과 모욕감 사이에서 타인들의 세계는 시선의 지옥에 속한다.

도시의 거리에서 우연히 옛 친구를 만나게 된다면, 그것 역시 시선의 투쟁을 감수해야 한다. 거리에서 어디서 본 듯한 젊은이를 발견한다. 그가 옛 동무인 것을 알게 되지만, 알은체를 해야 할지를 망설인다. "옛 동무는 너무나 영락하였다. 모시 두루마기에 흰 고무신, 오직 새로운 맥고모자를 쓴 그의 행색은 너무나 초라하다. 구보는 망설인다. 그래도 모른 체하고 지날까, 옛 동무는 분명히 자기를 알아본 듯싶었다. 그러나 마침내 두 사람이 서로 지나치는, 그 마지막 순간을 포착하여, 구보는 용기를 내었다."[45] 그러나 의례적인 짧은 대화를 나누고 갈 길을 가버린다. 구보가 그 순간 "울 것 같은 감정을 스스로 억제하지 못하는" 것은, 타인과의 소통에 대한 주저와 좌절 사이의 문제이다. 도시의 거리는 누구나 만날 수 있지만, 그것이 개인의 고독을 해소하는 계기는 아니다.

구보의 산책의 거점으로 또 하나 주목되는 공간이 경성역이다. 식민지 시대의 경성역이란, 물류와 사람이 이동하는 거점이면서, 근대 문명이 이입되는 통로이다. 또한 그곳은 식민지 산업 구조의 모순으로 인해 뿌리

---

44 위의 책, 109~110쪽.

45 위의 책, 113쪽.

뽑힌 도시 실업자와 근거지를 잃은 농민들의 임시적인 집합소라는 사회적 의미도 가진다. "구보는 고독을 느끼고, 사람들이 있는 곳으로, 약동하는 무리들이 있는 곳으로, 가고 싶다고 생각한다. 그는 눈앞에 경성역을 바라본다. 그곳에는 마땅히 인생이 있을 게다. 이 낡은 서울의 호흡과 또 감정이 있을 게다. 도회의 소설가는 모름지기 이 도회의 항구와 친해져야 한다. 그러나 물론 그러한 직업의식은 어떻든 좋았다. 다만 구보는 고독을 삼등 대합실 군중 속에 피할 수 있으면 그만이다."[46] 이 문장에서 구보의 자의식은 두 가지를 향한다. 우선은 개인의 고독을 피하기 위해 '경성역'과 같은 군중이 있는 곳으로 가보고 싶다는 충동, 그리고 '도회의 소설가'로서의 '도시의 항구'와 친해져야 한다는 '직업의식'이다. 이 두 가지는 이 소설에서 구보의 행위를 떠받치고 있는 계기이다. 앞의 것이 도시에서의 개인의 고독과 소통의 욕망에 관한 것이라면, 뒤의 것은 소설가 구보가 '도회의 소설가'로서의 자기 인식의 문제이다. 고독을 피하려는 노력과 도시와의 친화성을 확보하려는 양가적인 노력 사이에서 구보의 '산책-글쓰기'는 진행된다. 물론 이 '산책-글쓰기'를 지탱하는 중요한 층위는 구보의 '시선의 모험'이다.

"그러나 오히려 고독은 그곳에 있었다. 구보가 한 옆에 끼어 앉을 수도 없게시리 사람들은 그곳에 빽빽하게 모여 있어도, 그들의 누구에게도 인간 본래의 온정을 찾을 수는 없었다. 그네들은 거의 옆에 있는 사람에게 한마디 건네는 일도 없이, 오직 자기네들 사무에 바빴고, 그리고 간혹 말을 건네도, 그것은 자기네가 타고 갈 영차의 시각이나 그러한 것에 지나지 않았다. [……] 남을 결코 믿지 않는 그네들의 눈은 보기에 딱하고 또 가엾었다."[47] 구보는 그 군중들의 세계에서 '온정'을 발견할 수 없어서,

46 위의 책, 114쪽.

또 다른 고독을 경험한다. 문제는 그들에 대한 구보의 시선이다. 서로 온정을 나누지 않고 믿지 못하는 그들에 대해, 구보는 '딱하고 가엾다'고 여긴다. 여기서 그들에 대한 구보의 관찰이 시작된다. 늙은 노파와 중년의 시골 신사가 나란히 앉아 있는데, 구보는 그들의 신상에 대해 추측하고 상상하기 시작한다. "구보는 그 시골 신사가 노파 사이에 되도록 간격을 가지려고 노력하는 것을 발견하고, 그리고 그를 업신여겼다."[48] 시골 신사가 노파로부터 멀리하려는 태도에 대해 구보는 혐오감을 느낀다. 그런데 그 시골 신사는 얼굴에 부종이 있다. 이 부종 때문에 구보는 자신의 만성 위확장을 새삼스럽게 생각해낸다. 구보의 관찰은 비슷한 패턴의 장면을 목격한다. 사십여 세의 노동자 병자 옆에는 사람들이 앉으려 하지 않고, 젊은 아낙네가 복숭아를 떨어뜨려 그쪽으로 굴러가도 잡으려 하지 않는다. 이 두 가지 장면은 군중들 사이의 기피와 혐오를 드러내는 사건이다. 이 사건에 대해 도시의 소설가로서의 구보의 흥미가 발동한다.

"구보는 이 조그만 사건에 문득, 흥미를 느끼고, 그리고 그의 '대학노트'를 펴들었다. 그러나 그가 문 옆에 기대어 섰는 캡 쓰고 린네르 쓰메에리 양복 입은 사내의, 그 온갖 사람에게 의혹을 갖는 두 눈을 발견하였을 때, 구보는 또다시 우울 속에 그곳을 떠나지 않으면 안 된다."[49] 여기서 '산책-글쓰기'의 주체로서의 구보의 시선의 움직임이 전형적으로 드러난다. '산책-글쓰기' 주체로서의 구보는 '보는 자', '관찰하는 자'이다. 구보가 관찰하는 자로서의 시선의 주체일 때, 구보는 군중들을 연민으로 바라보다가 혐오할 수 있고, 그들의 심리와 삶의 비밀을 추측하고 분석할

47 위의 책, 115쪽.

48 위의 책, 115쪽.

49 위의 책, 116쪽.

수 있는 지위에 위치하게 된다. 그래서 그들의 사소한 움직임에서도 흥미를 가지고, 그들의 행태와 내면을 분석할 수 있는 지위를 갖게 된다. 그러나 반대로 구보가 누군가의 시선의 대상이 되었을 때, 구보는 급격하게 우울과 불안과 수치심을 경험한다. 타인의 시선을 의식하는 순간만큼 구보가 불안한 순간은 없다. 그래서 타인의 시선의 대상이 되었다고 생각하는 순간, 타인의 시선을 발견하는 순간, 구보는 그 자리를 피해야만 한다. 시선의 투쟁은 나를 한낱 즉자적인 물질적 객체로 만들어버리는 타인의 시선을 극복하고 나를 시선의 주체인 대자적인 존재로 유지하려는 싸움이다. 타자의 시선은 나의 실존적 가능성을 봉쇄하고 나를 물질적 대상으로 고착화시키기 때문이다.

또 다른 장면에서, 조선은행 앞의 구보가 고독과 피로를 느꼈을 때, 구두닦이의 시선 앞에 자신이 노출된다. "구보는 혐오의 눈을 가져 그 사내를, 남의 구두만 항상 살피며, 그곳에 무엇이든 결점을 잡아내고야 마는 그 사나이를 흘겨보고, 그리고 걸음을 옮겼다. 일면식도 없는 나의 구두를 비평할 권리가 그에게 있기라도 하단 말인가. 거리에서 그에게 온갖 불유쾌한 느낌을 주는, 온갖 종류의 사물을 저주하고 싶다."[50] 자신의 몸이 타인의 시선의 대상이 되었을 때, 구보는 불쾌를 경험한다. 거리에서 그에게 불유쾌한 느낌을 주는 것은 사물이라기보다는 자신을 사물로 만드는 '시선'이다.

6. 모험과 귀환의 의미

구보가 산책을 마감하려 할 때, 구보는 집으로 돌아가야 하는 도시의

50 위의 책, 120쪽.

군중들과 자신의 의식을 일치시킨다. "그들은 결코 위안 받지 못한 슬픔을, 고달픔을 지닌 채, 그들이 잠시 있었던 혹은 잊으려 노력했던 그들의 집으로 그들의 방으로 돌아가지 않으면 안 된다."[51] 집은 어머니가 있는 공간이다. 어머니가 있는 공간으로서의 집은 거리에서 배회하는 룸펜 지식인의 삶과는 다른 공간이다. 구보가 길고 긴 하루 동안의 방황 끝에 어머니의 공간으로 '힘 있고 거룩한' 어머니의 사랑이 있는 공간으로 귀환한 것은 아이러니하다. "이제 나는 생활을 가지리라. 생활을 가지리라. 내게는 한 개의 생활을, 어머니에게는 편안한 잠을"[52]이라고 혼잣말처럼 다짐할 때, 그는 새로운 생활의 윤리에 다다른다. 그 윤리는 '좋은 소설을 쓰리라'는 다짐과 결합되어, "순사가 모멸을 가져 그를 훑어보아도 그는 거의 그것에서 불쾌를 느끼는 일도 없"[53]게 되고, 어린 여자아이에게 내일 약속을 거절당했다는 것을 확인했을 때도 실망하지 않게 된다. '어머니의 행복', '어머니의 욕망'으로 표현되는 '생활'의 욕구와 '좋은 소설'에 대한 갈망이 결합하는 이 마지막 장면에서, 아이러니하게도 시선의 모험은 마감된다.

거리에서의 모험이 개인을 행복하게 해주지 않는다는 것은 필연적인 것이다. 그곳에서는 새로운 고독을 발견할 뿐이다. 그런데 구보의 '좋은 소설'은 거리의 고독을 통과한 이후에 가능해지는 창작의 작업이다. 식민지 도시 경성에서의 시선의 모험을 마감하고 어머니의 공간으로 귀환하는 것으로 소설이 끝나지만, 소설의 본문은 그 시선의 모험의 과정 자체에서 미학적 특이성을 드러낸다. 소설의 결말에도 불구하고, 소설의 본문

51 위의 책, 157쪽.
52 위의 책, 157쪽.
53 위의 책, 158쪽.

은 '생활'에 대한 수락과 고독에 대한 탐색 사이에서 아슬아슬한 긴장과 균형을 유지한다. 따라서 이 소설의 상대적으로 보수적인 결말은 소설 내부의 시선의 모험을 무화시키는 것이 아니라, '좋은 소설'과 '어머니의 행복'이라는 윤리 사이의 아이러니를 되살린다. 이 아이러니는 이 소설이 글쓰기와 스타일의 급진성에도 불구하고 왜 동시대의 이상의 소설에서 보여주는 '불온성'에 도달하지 못하는가를 암시하는 것이기도 하다.

박태원의 시선의 모험은 '산책-글쓰기'를 통해 근대적인 미학적 주체의 탄생을 보여준다. 그것은 단순히 도시 산책자의 유동적인 응시를 언어화했다는 차원에서만 의미 있는 것이 아니다. 그 시선의 모험을 통해 소설적 주체는 익명적 시선들 사이에서의 고독을 탐구하는 한편, 제도적 일상의 행복에 대한 요구에 의해 흔들린다. 도시의 거리와 다방과 경성역에서 익명의 시선들과의 교차를 경험하고, 남성 관음자로서의 여성적 대상에 대한 시선의 비대칭성을 보여준다. 시선의 투쟁은 나를 한낱 즉자적인 물질적 객체로 만들어버리는 타인의 시선을 극복하고, 나를 시선의 주체인 대자적인 존재로 유지하려는 싸움이다. 그것은 나의 실존적 자유의 가능성을 봉쇄하는 타자의 시선으로부터 나를 보존하려는 투쟁이기도 하다. 구보는 도시공간에서 타인들의 지옥을 경험한다.

이런 유동하는 시선은 삶의 의미와 행위의 방향을 설정하는 데 도움이 되는 아무런 좌표도 없이 자기 확인의 길을 가야 하는 근대적 개인의 운명을 날카롭게 보여준다. 그것은 근대적 문명 세계의 압도적인 도래와 식민지 현실의 모순 앞에서, 문학적 개인이 자신의 내적 의식을 탐구의 대상으로 삼아야 하는 사태를 의미한다. 구보의 시선이 도시적 스펙터클과 익명적 타인으로부터 끊임없이 자신의 신체와 내적 의식으로 되돌아오는 운동을 반복하는 것은 이런 이유에서이다. 도시공간에서의 타인과의 시선의 모험을 통해 구보는 스스로를 객체로 설정하는 방식으로 자신을 들여다보는 자기 관계의 구조를 만들어낸다.

구보가 소설의 마지막에서 '생활'과 어머니의 공간으로 귀환하고, 남성 관음자의 여성에 대한 이중적인 윤리감각을 포기하지 못하는 데서 이 소설의 미학적 · 정치적 한계를 말할 수도 있다. 구보의 시선의 모험이 가지는 한계는 그가 이상처럼 그 식민지 모더니티의 진창 속에 몸을 던지거나, 급진적 저항으로 나아가는 것이 아니라, 끝까지 산책자의 위치를 유지했다는 것이다. 그러나 산책자의 위치를 유지하는 한 그는 여전히 시선의 모험을 수행할 수 있었다. 작가 박태원에서 시선의 모험을 극단적으로 밀고 나가는 것 역시 피로하고 위험한 일이었다. 도시의 스펙터클과 익명의 군중 사이에서 끝까지 머물면서 식민지의 일상성에 매몰되지 않는 실존의 독립성을 유지하는 것은, 어쩌면 목숨을 거는 싸움이었을 것이다. 구보의 시선의 모험은 타인의 지옥 속에서 그 싸움을 끝까지 밀고 나가면서 자기 해체와 자기 파괴의 길로 가지 않고 생활과 어머니의 공간으로 귀환한다. 그러나 이 시선의 모험이 가지는 미적 모더니티의 지점은 식민지 시대 한국문학이 도달한 의미 있는 감각의 공간이었다. 이런 이유로 박태원의 소설은 식민지 도시의 모더니티와 동일한 시간대에서 숨 쉴 수 있었다.

제4장

이상과 도시인의 탄생

1. 이상의 도시 경험

이상의 문학은 식민지 시대 한국문학의 모더니티에 관한 첨예한 전위를 이루는 것으로 평가된다. 이상의 문학이 가지는 모더니티는 주로 그의 문학 언어의 난해성과 그것의 바탕을 이루는 심리적 요인들에 그 초점이 맞추어졌다. 이상의 문학을 설명할 때, 그 문학적 자의식과 수사학의 문제를 중심으로 이해하는 것은 필연적인 것이다. 그런데 이상 문학에 나타나는 이상 심리만을 핵심에 두고 이상의 텍스트를 이해할 때, 그것은 일종의 정신병리학적인 수사학적 자료로서의 텍스트를 한정하게 된다. 이상 문학의 모더니티를 분석하는 기본적인 관점에서 다시 논의되어져야 하는 것은, 이상이라는 작가의 내적 특이성과 그 언어적 운용이 도시생활의 새로운 감각과 맺는 관련이다.[1] 이상 문학의 모더니티의 중요한 지점

1 이런 문제의식에 가장 가까운 기존의 연구 성과는 이성욱의 『한국근대문학과 도시문화』(2004, 문화과학사)이다. 이 선구적인 논저에서 이성욱은 "도시 감각의 부재와 과잉"이라는

이 근대적 개인의 자의식과 관련되어 있다면, '도시 경험'이야말로 근대적 (미적) 주체 생산의 핵심적인 동력이라고 할 수 있다.

이상의 짧은 생애 가운데 그의 대부분의 문학적 경험은 도시적 감각과 연관되어 있으며, 도시에서의 삶은 그의 문학적 원체험의 자리라고 할 수 있다. 특히 그의 소설들 가운데 대표작 「날개」를 비롯하여 「지도의 암실」, 「지주회시」 등은 도시적 시간과 공간을 감각하는 새로운 방식으로 드러난 작품들이다. 이 소설들에서 이상은 도시적 개인이 일상적 시공간에서 겪는 시간적 · 공간적 감각의 문제를 문제적인 방식으로 드러낸다. 특히 「날개」는 한국 근대소설에서 도시인의 감각과 자의식이 가장 명료하고 풍부한 형태로 드러난 작품으로 평가될 수 있다. 현대적인 삶에서 가장 중요한 문제 중의 하나가 도시적인 메커니즘의 압도적인 위력 앞에서 개인의 독립성을 보존하는 것이라면, 이 소설은 식민지 근대성 아래서 구축된 도시화 가운데 근대인의 자기의식을 다룬 텍스트로 이해할 수 있다. 식민지 도시에서의 개인적 공간과 사회적 공간의 단절, 그리고 화폐경제가 개인의 삶을 지배하는 과정에서 그 무기력과 둔감함으로부터 개인적인 것을 구제하기 위한 노력은, 이 소설의 심층적인 미학적 욕망을 이룬다. 먼저 이상이 도시와 자연에 대해 가졌던 의식의 측면이 어떠한 것이었는지를 다음과 같은 산문에서 이해할 수 있다.

> 나는 지금 음침한 토막집 속에서 더러운 개와 닭과 돼지새끼가 우글우글하는 마당가에 앉아서 별빛에 의지해 식사를 하고 있는 가난한 농사꾼 일가를 바라보고 있다. 나는 이 사람들의 울울하고 기뻐할 줄 모르는 그리고 장난기 없는 얼굴

제목으로 이상의 소설과 산문들을 세밀하게 분석한다. 그런데 여기에서 식민지 모더니티의 문제와 미적 모더니티의 관련성은 적극적으로 문제화되지 않는다.

을 정면으로 바라볼 수가 없다. 왠지는 알 수 없지만 나는 그 어떤 그림자같이 눈에 보이지 않는 저주가 내 자신의 몸에 내려지는 것 같아 견딜 수 없다.

이상하게도 그들은 자살하지 않는다. 자살하지 않는다. 그들이 마음 속으로 자살을 생각하는지 아닌지는 알 수 없지만 적어도 그들은 토인처럼 검게 탄 얼굴 모습을 일별하면 그들은 결코 단 한 번도 자살에 대해 생각해 본 적이 없음을 알아차리게 된다.

그들은 내 생각에 의하면 자살하지 않는다는 것은 완전히 각 개인의 자유의사에 따르는 것이라는 것을 전심전념 오로지 그것만을 계속 생각하지 않고 미처 다른 생각마저 할 여지가 없는 말하자면 행복한 사람들이다. [……]

야색은 권태로운 경치를 한층 더 권태롭고 혼연하게 만들었을 뿐만 아니라 아무 짝에도 쓸데없는 방대한 공포의 광경마저 내장한 채 버티고 있다. 이러한 우매한 자연에 대해서 나는 언제까지나 털끝만한 친밀감도 발견할 수가 없다.[2]

이 산문의 화자는 지금 시골의 밤하늘에 떠 있는 많은 별들을 본다. 그 광경에서 그가 느끼는 것은 공포감이며, 화자는 "나의 이 바윗덩이 같은 우울의 근거는 어디서 오는 것인지"를 생각한다. 거기서 화자는 언제나 '자살'을 생각하는 자신에 대해 말한다. 흥미로운 것은 자살의 자유에 대해 생각하는 '내'가 바라보고 있는, 자살하지 않는 "가난한 농사꾼 일가"의 모습이다. 화자는 그들의 모습을 보면서 자살에 관한 생각에 몰두하는 자신의 불행과 한 번도 자살을 생각해본 적이 없는 그들의 행복을 대비시킨다. 여기서 중요한 것은 농사꾼 일가를 바라보는 화자의 시선의 체계이다. 행복한 농사꾼을 응시하는 불행한 자의식을 가진 '나'의 시선은, 시골의 풍경과 그 속에서 살아가는 사람들의 "토인처럼 검게 탄 얼굴"을 타

2 이상, 「야색」, 『이상 문학 전집 3: 수필』(소명출판, 2005), 205~206쪽.

자화한다. 그들은 근본적으로 저주받은 '나'와는 다른 사람들이다. 문제는 화자가 이들을 동경하기보다는 타자화한다는 것인데, 가령 "이러한 우매한 자연에 대해서 나는 언제까지나 털끝만한 친밀감도 발견할 수 없다"라는 마지막 문장의 단호함은 자연과 시골 사람에 대한 화자의 이질감을 선명하게 드러낸다. 자살을 생각하는 자신과 우매한 자연, 혹은 자살을 생각하지 않는 시골 사람과의 대비는 그가 얼마나 선명한 도시인의 자의식을 가졌는가를 말해준다.

> 내가 생각하는 「마로노우찌 삘딩」—속칭 마루비루—는 적어도 이 「마루비루」의 네갑절은 되는 굉장한 것이었다. 뉴욕 「부로드웨이」에 가서는 나는 똑같은 환멸을 당할른지—어쨋든 이 도시는 몹시 「깨솔링」내가 나는구나!가 동경의 첫 인상이다.
>
> 우리같이 폐가 칠칠치 못한 인간은 위선 이 도시에 살 자격이 없다. 입을 다물어도 벌려도 척 「깨솔링」내가 삼투되어버렸으니 무슨 음식이 고간 얼마간의 「깨솔링」맛을 면할 수 없다. 그렇면 동경시민의 체취는 자동차와 비슷해 가리로다.
>
> 이 「마루노우찌」라는 「삘딩」동리에서 「삘딩」 외에 주민이 없다. 자동차가 구두 노릇을 한다. 도보하는 사람이라고는 세기말과 현대자본주의를 비예(睥睨)하는 거룩한 철학인—그 외에는 하다못해 자동차라도 신고 드나든다.
>
> 나는 「택시」 속에서 이십세기라는 제목을 연구했다. 창밖은 지금 궁성 호리곁—무수한 자동차가 영영(營營)히 이십세기를 유지하노라고 야단들이다. 십구세기 쉬적지근한 내음새가 썩 많이 나는 내 도덕성은 어째서 저렇게 자동차가 많은가를 이해할 수 없으니까 결국은 대단히 점잖은 것이렸다.[3]

---

3 이상, 「동경」, 『이상 문학 전집 3: 수필』(소명출판, 2005), 135~136쪽.

앞의 산문에서 시골의 풍경과 시골 사람들에 대해 보여주었던 작가적 태도와 분명하게 대비되는 것이 그의 동경 체험에 관한 진술이다. 시골의 풍경에 대한 이질감과 전혀 다른 방식으로 이상은 동경에서도 '환멸'을 경험한다. 그 환멸은 뉴욕에 갔어도 겪을 수 있는 그런 보편적인 종류의 환멸이다. 그곳은 경성과는 비교할 수 없는 제국의 근대성의 세계이기 때문이다. 그 세계의 인상을 가장 압축적으로 표현하는 것은 '가솔린' 냄새이다. 그 도시에 자동차가 왜 그렇게 많은지를 이해할 수 없는 것은 제국의 근대에 대한 이질감이라고 할 수 있다. 그것은 '가솔린'으로 상징되는 '속도-기계'라는 근대적인 표상에 대한 인식과도 연관된다. 동경시민의 체취도 자동차와 비슷해질 것이라는 느낌은 이 근대의 세계에 대한 감각적 발견이다. 주목할 것은 자동차가 구두 노릇을 하는 이 근대의 세계 속에서 보도하는 사람은 "세기말과 현대자본주의를 비예하는 거룩한 철학인"인 뿐이라는 대목이다. 동경이라는 도시는 산책자를 허락하는 않은 세계, 그 속에서 산책자는 예외적인 철학자의 존재이다. 동경이라는 제국의 수도에서 식민지 근대인이 겪는 것은 압도적인 근대성에 대한 상대적인 이질감이다. 5분의 산책 이후 결국 택시를 탔을 때, 비로소 그는 '이십 세기'라는 제목을 연구한다. 문제는 이 동경의 택시 안에서 화자는 "십구세기 쉬적지근한 내음새가 썩 많이 나는 내 도덕성"을 생각한다는 것이다. 동경이라는 근대의 세계 속에서 자신이 상대적으로 십구 세기에 속한다고 인식하는 것은, 앞의 산문에서 시골의 풍경에서 느끼는 이질감과는 역방향의 것이다.

동경을 탐사하는 식민지 근대인의 시선은, 상대적으로 전근대적인 세계에 속한 자신에 대한 재인식이라는 딜레마와 마주한다. '동경-경성-시골'이라는 근대의 위계적 질서 속에서 자신이 위치해 있는 자리를 상대적으로 바라보게 된다. 작가는 경성이라는 상징적 표상의 자리에서 '동경'과 '시골'에 대한 이질감을 드러낸다. 이상은 '경성'이라는 공간을 자기 위상과 동일시하는 관점에서 '동경'과 '시골'이라는 타자의 공간을 응시한다. 경성이라는 공간이 일인칭적인 것이라면 동경과 시골은 대상화된 장소로서의 삼인칭의 세계이다. 여기서 경성이라는 공간이 가지는 식민지 근대성의 위치가 확인된다. 이상 소설에서의 일인칭의 우울과 유동성은 동경과 시골이라는 상대적인 (超)근대적 · 전근대적 시공간 사이에 끼여 있는 자기인식에서 연유한다. 경성이라는 식민지 근대의 공간을 자신의 내적 공간으로 동일화하는 과정에서, 이상이라는 문제적인 도시인이 탄생한 것이다. 그러면 「날개」에서 경성이라는 공간에서의 일인칭의 세계는 어떻게 드러나는가?

2. 「날개」의 공간

「날개」의 프롤로그는 "박제가 되어버린 천재를 아시오? 나는 유쾌하오. 이런 때 연애까지가 유쾌하오"라는 널리 알려진 문장으로 시작된다. 이 프롤로그는 소설의 본문 이전에 서술자의 메타적인 자의식과 이 소설의 자기반영적 특성을 드러내는 장치라고 할 수 있다. 그런데 스스로를 "박제가 되어버린 천재"로 설정하는 소설적 자의식은 무엇인가? 여기에는 두 가지 전제가 필요하다. 우선 '천재'라는 호명의 방식이 말하는 바의 선천적으로 비범한 지적 · 정신적 능력을 소유했다고 스스로 인식하는 것이 하나라면, 다른 하나는 천재가 '박제'가 되었다는 자의식, 그러니까 그 비범함을 앗아가거나 균질화하는 상황에 대한 피해의식이 개입한다. 천재를 박제로 만드는 힘은 식민지 근대가 개인에게 가하는 것으로 볼 수 있다면, 그 구체적인 양상은 식민지 근대 도시의 개인이 겪는 공포와 무기력과 연관될 수 있다. 이 소설에서 중요한 것은 한 개인의 이러한 자기의식이 어떻게 식민지 도시 경성의 모더니티와의 관련 속에서 누구도 도달하지 못한 미적 근대성을 구축했는가 하는 것이다.

이를테면 이 프롤로그에서 "나는 위트와 패러독스를 바둑 포석처럼 늘어놓소. 가공할 상식의 병이오"라고 이 소설의 언어적 장치들을 먼저 설명할 때, 이 자기반영적 글쓰기는 위트와 패러독스라는 언어적 방식을 통해서만 자기의식을 드러낼 수밖에 없는 상황을 암시한다. 사전적인 의미에서의 천재란 낭만주의 시대에는 영감에 가득 찬 예술적 영웅을 의미한다면, 박제가 되어버린 천재는 천재에 대한 자기의식을 고스란히 드러내는 모더니즘 예술가이다. 그것은 개인적 감정의 해방을 모토로 삼았던 초기 근대문학인과는 달리, 천재성의 발휘라는 것이 근원적으로 봉쇄되어 있는 식민지 근대의 상황에 대한 자기인식을 드러낸다. 이런 상황에서 천재란, 자신의 비범함이 관철될 수 없는 세계에 대한 자기 분석을 실행할 수 있는 능력으로서의 아이러니한 비범함을 소유한 자이다. 이 소설의 도입부에서 자기반영적 서술자는 소설의 본문이 단순히 현실의 '반영'이나 '표현'이 아니라, 현실에 대한 인공적 · 언어적 구축물이라는 것을 표 나게 드러낸다. 그렇기 때문에 소설의 화자에게 현실은 확정적인 실체가 아니라 다면적이고 모호한 어떤 것이며, 도시적 경험이야말로 이 불확실성을 대면하는 공간이다.

화자는 자신을 "연애 기법마저 서먹서먹해진 지성의 극치를 흘깃 좀 들여다 본 일이 있는, 말하자면 일종의 정신분일자일 것일오"라고 스스로를 분석한다. 일인칭에 대한 자기반영적 진술을 통해, 자신의 존재를 일관되고 해명 가능한 것이 아니라, 해결할 수 없는 모호함을 지닌 지각의 흐름이라고 설명한다. 이를테면 "19세기는 될 수 있거든 봉쇄하여 버리오"라든가 "감정은 어떤 포즈, 그 포즈가 부동자세에까지 고도화할 때 감정은 딱 공급을 중지합데다"와 같은 진술 역시, 이러한 유동화된 자기 인격을 상대화하는 방식으로 19세기적인 것으로부터 탈출하려는 근대적 자기의식을 예민하게 드러낸다. 그리고 "나는 내 비범한 발육을 회고하여 세상을 보는 안목을 규정 하였소"라는 프롤로그의 마지막 문단에 이르면, 자신을 발육을 '비범'한 것으로 보는 '박제가 된 천재'의 자기의식, 그리고 그 의식에 의해 '세상을 보는 안목'을 규정한다는 선언이 이어진다. 이 프롤로그의 문단에서 반복적으로 등장하는 '굿바이'라는 언어는, 일종의 자기 주술처럼 시대와 세상과 결별하려는 자기 부정의 욕구를 상징적으로 암시하며, 이 지점이야말로 식민지 근대의 주체에서 비껴나는 다른 미적 주체의 가능성을 드러낸다. 이 자기 부정의 욕구는 '박제가 되어버린 천재'라는 자기의식의 배면을 드러낸다. 이 소설의 전기적 요소에도 불구하고 동일화의 메커니즘을 벗어나는 것은, 자기반영적 글쓰기가 일종의 자기 대상화의 성격을 띠고 있기 때문이다. 소설의 본문에 진입하면, 독백적 진술은 일단 정리되고 이 소설의 공간적 배경이 되는 집과 방의 구조가 소개된다.

> 그 33번지라는 것이 구조가 흡사 유곽이라는 느낌이 없지 않다. 한번지에 18가구가 죽—어깨를 맞대고 늘어서서 창호가 똑같고 아궁이 모양이 똑같다. 게다가 각 가구에 사는 사람들이 송이송이 꽃과 같이 젊다. 해가 들지 않는다. 해가 드는 것을 그들이 모른 체하는 까닭이다. 턱살 밑에다 철줄을 매고 얼룩진 이부자리를 널어 말린다는 핑계로 미닫이에 해가 드는 것을 막아 버린다. 침침한 방안에서 낮잠들을 잔다. 그들은 밤에는 잠을 자지 않나? 알 수 없다. 나는 밤이나 낮이나 잠만 자느라고 그런 것은 알 길이 없다. 33번지 18가구의 낮은 참 조용하다.[4]

프롤로그 부분에서 자기반영적인 내적 독백을 쏟아내던 서술자는, 관찰자 혹은 보고자의 시선으로 위치를 바꾼다. 소설의 본문에서 소설의 서술자는 자기반영적 화자와 객관적 정보를 묘사하는 관찰자의 면모를 동시에 보여준다. 그 화자가 가장 먼저 설명하는 이 소설의 공간적 배경은 매우 특이한 구조를 가지고 있다. "그 33번지라는 것이 구조가 흡사 유곽이라는 느낌이 없지 않다"라는 첫 문장이 암시하는 것처럼, 이 집은 '유곽'에 가까운 것이다. 유곽을 유곽이라고 말하지 않고, "흡사 유곽이라는 느낌"이라고 우회적으로 표현하는 것은 이 소설의 관찰자가 엄밀한 의미의 객관적 정보를 전달하는 사람이기보다는 자신의 내적 의식에 의해 굴절된 정보를 전달하는 자라는 것을 보여준다. 이 집을 처음부터 '유곽'이라고 인정한다면, 아내의 직업에 대한 이 소설의 화자의 궁금증과 탐구는 무의미한 것이 되어버린다. 그래서 이 공간에 대한 이런 우회적인 규정은 아내가 유곽의 여자임을 처음부터 인정할 수는 없는 주인공의 심리적 상태를 드러낸다. 그것은 또한 이 소설의 일인칭 화자가 처한 위치를 상징적으로 암시한다. 일인칭 화자는 아내의 집과 아내의 비밀을 짐짓 모른 척함으로써 아내와 자신의 관계를 보존한다. 그것을 모른 척하지 않고, 그곳이 '유곽'임을 발견할 때, 혹은 그것이 '발견되어질 때' 주인공은 파국을 마주한다.

구체적으로 묘사되는 이 유곽의 구조 역시 상징적이다. 33번지의 18가구는 사실상 하나의 집이고 18가구는 똑같은 모양을 하고 있으며 여기에는 꽃 같은 젊은 사람들이 살고 있다. 그들이 낮에는 잠만 자고 밤이 되면 활기를 찾는 이유는 이곳이 유곽이기 때문이지만, 화자는 역시 그것을 흥미로운 탐구적 시선으로 묘사한다. 18가구의 문패가 하나라는 것과 대문

---

4 이상, 권영민 엮음, 『이상 전집 2』(뿔, 2009), 76~77쪽.

이 언제나 열려 있다는 것 등은 사실상 이곳이 영업을 위한 공간이라는 것을 암시한다. 하나의 문패 아래에 똑같은 가구에서 살고 있는 사람들은 보다 현대적인 아파트 공간처럼 익명적인 집단 거주의 형태를 보여준다. 더구나 그곳이 다만 생활을 위한 공간이 아니라, '유곽'일 때 이 공간이 가지는 근대 자본주의적 도시 문화의 형태는 매우 집약적인 것이 된다. 이러한 공간적 구조는 근대 세계의 집단적 익명성과 화폐경제의 관계를 드러낸다. 그들은 비슷한 일을 하고, 비슷한 방식으로 살아가지만, 서로에 대해 친밀하지 않다.

이 공간에서 "나는 그러나 그들의 아무와도 놀지 않는다. 놀지 않을 뿐만 아니라 인사도 하지 않는다. 나는 내 안해와 인사하는 외에 누구와도 인사하고 싶지 않았다. 내 안해 외의 다른 사람과 인사를 하거나 놀거나 하는 것은 내 안해의 낯을 보아 좋지 않은 일인 것만같이 생각이 들었기 때문이다." '나'는 이 공간에서 철저히 고립된 채 사회적 관계를 차단하고 있다. '나'는 오직 아내를 통해서만 사람과 관계한다. 이런 사회적 관계가 증발한 고립적인 위치는 이 33번지의 공간 구조와 밀접한 관계를 갖고 있다. 집단적 거주지의 개인으로 살고 있지만 그 집단은 공동체가 아니라 철저히 익명적인 집단이며, 아내에 기생하여 살아가는 '나'의 삶은 그 사회적 관계의 기형성을 반영한다. 여기서 더욱 문제적인 것은 아내와 '내' 방의 구조이다.

> 나는 어디까지든지 내 방이—집이 아니다. 집은 없다.— 마음에 들었다. 방 안의 기온은 내 체온을 위하여 쾌적하였고, 방 안의 침침한 정도가 또한 내 안력을 위하여 쾌적하였다. 나는 내 방 이상의 서늘한 방도, 또 따뜻한 방도 희망하지 않았다. 이 이상으로 밝거나 이 이상으로 아늑한 방을 원하지 않았다. [……]
>
> 내 몸과 마음에 옷처럼 잘 맞는 방 속에서 뒹굴면서, 축 처져 있는 것은 행복

이니 불행이니 하는 그런 세속적인 계산을 떠난, 가장 편리하고 안일한, 말하자면 절대적인 상태인 것이다. 나는 이런 상태가 좋았다.

이 절대적인 내 방은 대문간에서 세어서 똑—일곱째 칸이다. 럭키 세븐의 뜻이 없지 않다. 나는 이 일곱이라는 숫자를 훈장처럼 사랑하였다. 이런 이 방이 가운데 장지로 말미암아 두 칸으로 나뉘어 있었다는 그것이 내 운명의 상징이었다는 것을 누가 알랴?[5]

집은 없고, 방이 있다는 진술 역시 이 소설의 도시 내부의 공간적 구조를 정확하게 설명한다. 집은 가족적인 관계와 생활이 이루어지고 사회적인 관계로 이어지는 공간이라면, 방은 개인성의 공간이다. 고립된 방에서의 밀폐된 개인적 삶은 현대 도시에서의 개인의 위치를 잘 드러낸다. 이때 개인의 방은 마치 잘 맞는 옷이나 자신의 육체와도 같은 공간적 동일성의 의미를 갖는다. 그런데 문제는 그 방이 아내의 방과 맺는 관계이다. 아내의 방과 '나'의 방은 원래 하나의 방을 두 칸으로 나눈 것이다. 아랫방인 아내의 방은 해가 드는 방이고, 해가 들지 않는 윗방이 '나'의 방이다. 문제의 핵심은 '나'는 아내의 방을 통해서만 바깥으로 나갈 수 있다는 것이다. '나'의 방은 그러니까 아내의 방에 기생하는 일종의 숨겨진 방이다. 이러한 방의 구조는 이 소설의 플롯과 주인공의 내적 의식을 규정하는 결정적인 모티브로 작동한다. '나의 방—아내의 방—거리'의 구조는 '내'가 바깥세계와 맺는 관계의 방식을 "운명의 상징"처럼 보여준다. '나'는 '아내'라는 매개를 통해서만 거리로 나아갈 수 있다. 역으로 '내'가 거리로부터 '나의 방'으로 귀환하는 것 역시, '아내의 방'을 통과한 후에나 가능하다. '아내의 방'은 거리로 나아가기 위한 출입구이지만,

5 이상, 권영민 엮음, 『이상 전집 2』(뿔, 2009), 79쪽.

그 출입구는 언제나 열려 있는 것이 아니라, 억압적인 출입구이다. 뒤에서 다시 논의되겠지만, 그 출입구에는 정해진 시간이 있다. 그 정해진 시간을 지키지 않을 때, '아내의 방'이라는 거리로 통하는 문은 파국의 계기가 된다.

절대적인 권태와 무기력에 빠져 있는 '나'에게 아내의 방은 신기한 것이 가득 찬 놀이터이며, 세상으로 나아가는 길목이다. "안해가 외출만 하면 나는 얼른 아랫방으로 와서 그 동쪽으로 난 들창을 열어놓고 들이비치는 볕살이 안해의 화장대에 비춰 가지각색 병들이 아롱지면서 찬란하게 빛나고 이렇게 빛나는 것을 보는 것은 내 다시없는 오락이다." 볕이 들고 화장품이 놓여 있고 그 "이국적인 센슈얼한 향기"의 "아내의 체취"가 느껴지는 아내의 방과 볕이 들지 않는 밀폐된 공간으로서의 나의 방은 선명한 공간적인 대비를 이룬다. 아내의 방이 신기하고 이국적이며 근대적인 어떤 것으로 가득 찬 공간이라면, '나'의 방은 빈대가 들끓고 침침하며 이불을 뒤집어쓰고 무기력하게 낮잠을 이어가는 공간이다. '나'의 방이 심리적인 측면에서 '나'의 어두운 자폐적 의식의 자리라면, 아내의 방은 그 상대편에 위치한 화려한 근대적 빛의 세계이다.

아내의 방에 대해서는 "천장 밑으로 쫙 돌려 못이 박히고 못마다 안해의 치마와 저고리가 걸렸다. 여러 가지 무늬가 보기 좋다"라고 묘사하는 반면, "안해는 내게는 옷을 주지 않았다"라고 진술한다. 근대적인 의미에서 의복이란 개인의 사회적 관계를 반영하는 것이다. "나는 허리와 두 가랑이가 세 군데—다 고무 밴드가 끼어 있는 부드러운 사루마다를 입고 아무 소리 없이 잘 놀았다"라는 진술에서 드러나는 것처럼, 유아기적인 의복과 유희의 상태에 머물러 있는 '나'는 화폐경제의 세계 속에 속하는 아내의 삶과 극명한 대비를 이룬다. 그런데 아내의 방은 아내가 '내객'을 받는 곳이기도 하다. 아내는 외출하거나 자신의 방에서 '내객'을 받는다.

아내의 방은 아내가 쉬는 곳이며, 아내의 노동, 그러니까 접대 행위가 벌어지는 일터이기도 하다. 아내의 접대 행위가 일종의 직업이고 교환가치의 세계에 속한 것이라면, '내' 방이 갖는 비생산적인 유아기적 유폐의 성격과 접대와 매춘이 벌어지는 아내의 방의 사회적 성격은 극명한 대비를 이룬다. 문제는 그 두 공간이 하나의 방에서 분리된 아주 밀접하게 맞닿은 인접 공간이라는 점이다.

아내가 내객을 받는 동안 '나'는 완벽한 고립 속에 있어야 하고, 그 대가로 아내가 벌어온 돈의 일부를 '나'에게 준다. 그런데 '나'는 그 돈을 어디에 써야 하는지 모른다. 매매춘의 세계라는 화폐경제의 세계에 속한 아내와는 달리 '나'는 그 사회적 공간 속에 자신을 진입시키지 못한다. 아내의 직업을 탐구하는 '나'의 무기력한 호기심은 화폐경제를 통한 개인과 개인의 관계에 대한 발견을 의미한다.

3. 외출의 피로

'나'는 교환가치가 지배하는 새로운 세계에 대해 의식하지 못한다. 돈이 단순히 '예의'가 아니라 '대가와 보수' 때문이라는 것을 어렴풋하게 짐작한다. '내'가 그 교환가치의 세계에 맞닥뜨리면서 겪는 혼란과 불쾌는 화폐경제의 사회적 관계 속에 진입하지 못한 '나'의 고립된 위치를 보여준다. 심지어 '나'는 아내가 준 돈을 변소에 버리는 행위를 한다. "왜 안해의 내객들이 안해에게 돈을 놓고 가나 하는 것이 풀 수 없는 의문인 것같이 왜 안해는 나에게 돈을 놓고 가나 하는 것도 역시 나에게는 똑같이 풀릴 수 없는 의문이었다"와 같은 진술 속에서 아내와 '나' 사이에도 이미 화폐가 매개하는 교환가치의 관계가 들어와 있다. '내'가 그 교환가치의 세계에 대해 조금씩 구체적으로 알아가는 것은 '나'와 아내와의 관계에서의 새로운 국면과 파국을 암시한다. 문제는 '나'는 생산하고 노동하는 자가 아니라, 자폐적인 유희와 기생성의 삶을 살아가고 있고, '나'의 소비 행위 역시 그 기생성의 일부라는 점이다. 그래서 '내'가 교환가치의 세계에 눈뜬다고 하는 것은, 그 상징 질서 속에 온전하게 편입된다는 것을 의미하는 것이 아니라는 점에서 파국을 준비하는 것이다. 화폐가치의 세계에 대해 '내'가 눈을 뜨기 시작하는 것은 '나'의 외출이 시작되면서부터이다. 첫 번째 외출에서 '나'는 돈을 한 푼도 쓰지 못한다.

> 나는 안해의 밤 외출 틈을 타서 밖으로 나왔다. 나는 거리에서 잊어버리지 않고 나온 은화를 지폐로 바꾼다. 오 원이나 된다. 그것을 주머니에 넣고 나는 목적을 잃어버리기 위하여 얼마든지 거리를 쏘아 다녔다. 오래간만에 보는 거리는 거의 경이에 가까울 만치 내 신경을 흥분시키지 않고는 마지않았다. 나는 금시에 피곤하여 버렸다. 그러나 나는 참았다. 그리고 밤이 이슥하도록 까닭을 잊어버린 채 이 거리 저 거리로 지향 없이 헤매었다. 돈은 물론 한 푼도 쓰지 않았다. 돈을 쓸 아무 엄두도 나지 않았다. 나는 벌써 돈을 쓰는 기능을 완전히 상실한 것 같았다.[6]

화폐 교환의 세계 속에 적응하지 못하는 유폐된 개인에게 외출은 피로한 것이다. 이 피로는 도시의 거리를 걸었기 때문에 생기는 육체적인 피로이기보다는 자신만의 방으로부터 도시의 다른 공간으로 진입했기 때문에 생기는 피로이다. 또한 그 피로는 "목적을 잃어버리기 위하여"라는 표현이 드러내는 것처럼, 목적 없는 산책자 혹은 목적 없음을 의식적으로

6 이상, 권영민 역음, 『이상 전집 2』(뿔, 2009), 86쪽.

추구하는 도시 산책자의 피로이다. 그 피로 때문에 집으로 다시 돌아왔을 때 아내와 내객이 같이 있는 장면을 목격하게 된다. 외출과 귀환, 그리고 아내와 내객이 함께 있는 장면의 목격이라는 이 소설의 후반부의 서사적 진행은 상황의 아이러니를 날카롭게 보여준다. "머리맡에 저절로 모인 오 원 돈을 아무에게라도 좋으니 주어 보고 싶었던 것"이 첫 번째 외출의 소박한 목적이었다면, 그것을 가능하게 하기 위해 '나'는 도시의 거리로 나가야만 하고, 결국 돈을 쓰지 못하고 피로 때문에 귀가했을 때, 아내의 노동이라고 할 수 있는 접대 행위를 목격하게 되는 것이다. 그리고 자신의 방에서 초조해하던 '나'는 결국 아내에게 받은 돈을 다시 아내에게 지불하는 방식으로 '나'는 아내의 방에서 잘 수 있는 자격을 얻은 셈이다. 문제는 그런 행위가 '나'의 정신이 어떤 한계에 도달했을 때, 거의 의식이 없는 상태에서 벌어진다는 것인데, 그 속에는 물론 접대부로서의 아내에 대해 무언가를 지불해야만 그 방에서 잘 수 있다는 강박이 작동한 것이다. 그리고 아내의 세계가 속해 있는 그 비밀스러운 교환의 세계를 경험한다. "그 돈 오 원을 안해 손에 지워주고 넘어졌을 때의 느낄 수 있었던 쾌감을 나는 무엇이라고 설명할 수가 없었다. 그러나 내객들이 내 안해에게 돈 놓고 가는 심리며 내 안해가 내게 돈 놓고 가는 심리의 비밀을 나는 알아낸 것 같아서 여간 즐거운 것이 아니다."

두 번째 외출에서도 돈을 쓰지 않고 귀가한 '나'는 다시 아내에게 돈을 쥐어주고 아내의 방에서 잘 수 있는 권리를 얻는다. '나'는 점점 돈이 있어야 한다는 생각에 사로잡힌다. "하늘에서 얼마라도 좋으니 왜 지폐가 소낙비처럼 퍼붓지 않나, 그것이 그저 한없이 야속하고 슬펐다. 나는 이렇게밖에 돈을 구하는 아무런 방법도 알지는 못했다." 돈의 쓰임새와 그 교환가치의 세계에 대해 눈을 떴다고 해도 돈을 버는 방식을 모르는 '나'는 여전히 그 근대적 교환가치의 바깥에 있다. '나'와 외출과 귀가는 그렇게 아내의 세계가 속한 그 교환가치의 세계를 경험하는 피로와 현기증의 감각을 동반한다. 그리고 아내가 준 돈으로 세 번째 외출을 했을 때, '나'는 처음으로 티룸에 들러서 커피를 마신다. "그것은 내게는 큰 발견이었다. 거기는 우선 아무도 아는 사람이 안 온다, 설사 왔다가도 곧 가니까 좋다." 티룸의 발견은 '내'가 처음으로 도시에서 자신만의 공간을 찾아낸 것을 의미한다. 그 티룸의 특징은 아는 사람이 없고 사람들의 이동이 잦다는 것이다. 경성역 대합실의 티룸은 도시공간에서의 익명성을 보장받는 공간이다. 거리의 가운데서 개방된 공간이면서, 돈을 지불해야 점유할 수 있는 자리이고, 익명적 개인들이 모이는 장소라는 측면에서, 티룸은 전형적인 도시적 공간이다.

세 번째 외출에서 비를 맞고 오한 때문에 또다시 내객이 있는 아내의 방에 들이닥친 '나'는 아내로부터 약을 복용하라는 지시를 받는다. 아내의 약은 '나'를 계속 잠들게 한다. 아내에 대한 '나'의 의심은 아내의 방에서 아스피린이 아닌 최면제 '아달린' 갑을 발견하면서부터이다. 이 지점부터 아내에 대한 '나'의 의심과 혼란은 파국을 향해 치닫는다. "무슨 목적으로 안해는 나를 밤이나 낮이나 재웠어야 됐나? 나를 밤이나 낮이나 재워놓고 그리고 안해는 내가 자는 동안에 무슨 짓을 했나? 나를 조곰씩 죽이려 든 것일까" 따위의 의혹과 혼란이 가중된다. 그 혼란의 와중에서 다시 자신의 의심을 사죄하러 간 '나'는 "내 눈으로 절대로 보아서 안 될 것을 그만 딱 보아 버리고 만 것이다." 이 장면에서 매춘의 장면을 봐버린 '나'는 아내에게 오히려 폭행을 당한다. 아내는 오히려 '나'를 의심하고 단죄한다. 여기서 아내에게 폭행당하던 '나'는 다시 "남은 돈 몇 원 몇 십 전을 가만히 꺼내서는 몰래 미닫이를 열고 살며시 문지방 밑에다 놓고는 그냥 줄달음박질을 쳐서 나와 버렸다." 거기서 '나'는 다시 경성역을 찾아 나선다.

'내'가 아내로부터 단죄를 당하는 이유는 시간을 지키지 않은 것이다. 정확한 시간을 지켜야 아내의 방으로 귀환할 수 있다는 것은 아내와 '나' 사이의 약속이다. 이 소설에서 경성역의 시계가 상징하는 바는, 시간의 표준성과 계산성이 근대 도시인의 삶에 유포되었다는 것이다.[7] 경성역이라는 근대적 교통수단의 장소는 근대적 시간 개념에 의한 시간표에 의해 운영되는 상징적 표상이다. 그런데 '나'는 아내의 접대와 매춘이 벌어지는 시간을 피해 집으로 귀환해야 하는데, 그 시간을 맞추지 못한다. 아내의 분노는 여기에 연관된 것이다. 그 분노는 아내의 매춘은 직업적인 세계이고, '나'의 외박은 '도덕'과 '계집질'의 세계에 속한다는 논리의 결과물이다.

여기서 도시와 섹슈얼리티를 둘러싼 복합성이 드러난다. 도시 생활은 전근대적인 농촌지역의 가부장적인 생활양식을 위협하고, 도시 문화의 잠재적인 전복성은 여성에게 자유를 주고 축제적인 측면을 일상적인 것으로 만든다. 그러나 한편으로 도시는 가부장적인 섹슈얼리티가 재강화되는 방식으로서의 매춘의 장소이다.[8] 아내의 매춘과 '나'의 기생성이 갖는 관계는 근대 도시의 섹슈얼리티가 갖는 아이러니를 집약적으로 보여준다. 아내에 대해 '나'는 가부장적인 권위를 전혀 갖지 못하지만, 아내 역시 매춘이라는 방식으로 화폐경제의 세계 속에서 자기 생활을 유지한다. '나'는 가부장적인 세계 속에 속하지도 못하지만, 아내가 속한 화폐경제의 세계에서의 자기 보존의 능력을 갖고 있지도 못하다. 이것이 '내'가 이 식민지 근대 도시의 세계에서 경험하는 혼돈이자 딜레마이다.

---

7 김왕배, 『도시, 공간, 생활세계』(한울, 2000), 62쪽.
8 마이크 새비지, 알랜 와드, 김왕배 외 역, 『자본주의 도시와 근대성』(한울, 1996), 152~153쪽.

4. 날개의 시간

소설의 마지막 장면에서 '내'가 서 있는 곳은 미쯔꼬시 옥상이다. 일본의 재벌이 건설한 백화점의 옥상에서 '나'의 마지막 의식이 진행된다는 것은 의미심장하다. 자본주의 사회에서 백화점은 화폐경제의 왕국이며 교환가치의 신전과도 같은 곳이다. 그곳은 근대 자본주의 체제가 개인을 소비의 주체로 호명하는 자본주의적 주체화의 핵심 장소이다. 식민지 조선에서 백화점은 단순한 상업 시설이 아니라, 도회의 심장이자 거리의 부두(埠頭)로서 소비와 유행의 선도 기구, 생활문화 시설과 사교장, 오락·행락 시설 등 다양한 기능을 겸하고 있었다. 식민지 백화점은 상품화된, 스펙터클화된 제국의 힘을 전시하는 장치였지만, 피식민 대중은 그 문명의 스펙터클에 대한 구경꾼 이상이 되지 못했다.특히 미쯔꼬시 백화점은 조선인과 일본인을 막론하고 최상부 계층을 대상으로 최고급품의 브랜드 이미지를 판매하는 곳이었다.[9] 문제는 이 마지막 장면에서의 '나'의 시선의 극적인 이동이다. 나의 방, 아내의 방, 그리고 경성 거리라는 세 공간을 일인칭의 제한적이고 유동적인 관찰자의 흐름으로 이어가던 '나'는, 이 마지막 장면에 이르러 경성의 시가지 전체를 굽어보는 조망적인 위치에 도달한다. 여기서 '나'의 시선은 일거에 높은 시야를 확보한다. 전이성과 유동성, 그리고 파편성이라는 근대 도시적 시선의 요소들로부터 '내'가 일거에 조망적인 시선을 획득하는 것은 상징적이다.

> 허리를 굽혀서 나는 그저 금붕어나 들여다 보고 있었다. 금붕어는 참 잘들 키

9 김백영, 『지배와 공간: 식민지 도시 경성과 제국 일본』(문학과지성사, 2009), 477~521쪽.

웠다. 작은 놈은 작은 놈대로 큰 놈은 큰 몸대로 다 싱싱하니 보기 좋았다. [……] 나는 또 회탁의 거리를 내려다보았다. 거기서는 피곤한 생활이 똑 금붕어 지느러미처럼 흐늑흐늑 허비적거렸다. 눈에 보이지 않는 끈적끈적한 줄에 엉켜서 헤어나지들 못한다. 나는 피로와 공복 때문에 무너져 들어가는 몸뚱이를 끌고 그 회탁의 거리 속으로 섞여 들어가지 않는 수도 없다 생각하였다.[10]

이 지점에 이르러 내적 의식과 자기의 방과 아내의 방 사이의 관계에만 몰두하던 '나'의 시선은 '회탁의 거리' 전체를 조망하는 시선으로 확대된다. 마치 금붕어처럼 "눈에 보이지 않는 끈적끈적한 줄에 엉켜서 헤어나지들 못"하는 도시의 인간들을 굽어본다. 문제는 '내'가 이러한 도시공간에서의 개인의 한계를 인식하는 것과 함께 "그 회탁의 거리 속으로 섞여 들어가지 않는 수도 없다"는 자각을 동시에 한다는 것이다. 그것이 이 소설의 도시인의 자기인식이 가닿은 아이러니의 정점이다. 그것은 또한 자신의 삶의 문제를 도시적 인간들의 보편적인 문제로 받아들이는 의식에 도달한다. 그런 의식은 아내와 나 사이의 문제에 있어서 "내나 아내나 제 거동에 로직을 붙일 필요는 없다. 변해할 필요도 없다. 사실은 사실대로 오해는 오해대로 그저 끝없이 발을 절뚝거리면서 세상을 걸어가면 되는 것이다"라는 자각과 동궤의 것이다. 도시인의 관계성에 대한 이러한 체념적 자기인식은, 도시 생활의 식민성에도 불구하고 그 안에서 살아갈 수밖에 없는 근대 도시인의 자기모순을 정확하게 보여준다.

이 소설의 마지막 이미지, '나'는 "현란을 극한 정오"에 겨드랑이가 가렵고 "내 인공의 날개가 돋았던 자족"을 감각한다. 이것은 봉쇄된 도시에서 근대적 인간의 자기모순이 경험하는 마지막 탈주의 이미지이다. 그 이

10 이상, 권영민 역음, 『이상 전집 2』(뿔, 2009), 99쪽.

미지는 이 소설의 가장 심층적인 주제 중의 하나인 근대 도시에서 개인을 보존하려는 투쟁을 의미한다고 볼 수 있으며, 그것이 결국 자기 파멸의 의미를 동시에 갖는다는 측면에서 미학적 아이러니가 된다. 정오의 사이렌은 도시적 시간의 표준성과 계산성의 첨예한 상징이다. "온갖 유리와 강철과 대리석과 지폐와 잉크가 부글부글 수선을 떨고 있는 것 같은 찰나"는 근대적인 모든 단단한 요소들이 하나의 표준 시간 안에서 액체화되는 순간이다. 이 순간, '나'는 근대적 도시의 식민성으로부터 탈출할 수 있는 미지의 가능성을 '기억'한다. '한 번만 더'라는 부사 속에는 '날개'의 기억이 자리 잡고 있다. 그러나 그것은 단지 '과거'의 기억을 의미하는 것이 아니다. 근대적 도시의 시간 너머에 있는 '다른 시간'의 가능성에 대한 '상기'라고 할 수 있다. 도시적 시간으로부터 그 내재성의 시간을, 그러니까 외부로 열린 시간의 가능성을 상기한다.

이상의 소설은 근대 도시인의 탄생을 자각적으로 보여준 기념비이다. 특히 「날개」는 식민지 근대의 도시성(urbanism)을 둘러싼 가장 날카롭고 풍부한 텍스트이다. 무기력한 권태와 유아기적인 유폐와 기생성에 머물러 있던 '나'는 도시공간으로의 외출을 통해 교환가치가 지배하는 도시의 논리를 깨닫게 되고, 그 과정에서 도시인의 삶의 아이러니에 대한 통렬한 자각에 도달한다. 그것은 근대적 주체가 식민지 근대의 논리에 적응해나가는 과정을 의미하는 것이 아니다. 처음부터 '박제가 되어버린 천재'는 그 도시성의 모더니티를 철저한 아이러니를 통해서 드러낼 수밖에 없는 자이다. 그는 식민지 도시 내부의 가장 날카로운 관찰자이면서, 동시에 자신을 되돌아보는 인식 주체의 자기 관계의 구조를 드러내는 자이고, 자기 파멸의 길을 가면서 도시의 바깥을 사유하는 이방인이다. 근대에 대한 자기의식과 식민지 근대에 대한 환멸과 절망이라는 이 이중성에 대한 감각을 끝까지 밀고 나갈 때, 이상은 미적 근대성의 전위에 위치하게 된다. 이런 지점이야말로 식민지 도시인의 탄생이 다른 미적 주체를 형성하는 전선이다. 그가 도달한 이 마지막 날개의 시간은 도시적 시간이 규정하는 파국적 상황으로부터 또 다른 시간으로 이동하는 인공의 날개를 감각하는 시간이다. 그 인공의 날개야말로 심미적 근대성의 다른 이름이다. 이 시간은 이상의 문학이 역사적 · 거시적 모더니티로부터 이탈하는 미적 모더니티의 다른 장소를 드러낸다. 이 순간, 이상은 가장 근대적이며, 동시에 탈근대적인 도시의 시간에 도달한다.

제5장

김수영과 시선의 윤리학

1. 김수영의 도시

김수영은 과감한 언어와 형식으로 한국 현대시의 모더니티를 드러낸 시인이다. 그의 시가 가진 현대성은 시의 구조와 언어가 가지는 전위성을 중심으로 설명할 수도 있고, 사회와 시대에 대해 취했던 세계 인식의 측면에서 이해할 수도 있다. 지금까지의 김수영론은 그의 시를 '자유', '사랑' 등의 하나의 주제로 묶어 이해하거나, 김수영 시의 형식적이고 형태적인 측면을 분석하는 것들이 대표적이었다.[1] 김수영의 시를 현대성과 관련에서 이해하는 방향 역시 하나의 흐름을 형성했는데, 중요한 것은 그가 외부로부터 유입된 현대성을 어떻게 내재화하고 극복했는가 하는 것이었다. 이제 김수영 연구의 과제는 지금까지의 논의를 바탕으로 그 현대성의

1 김수영의 시의 주제론적 분석에 대해서는 수많은 저작들이 있으며, 김상환의 『풍자와 해탈, 사랑과 죽음』(민음사, 2000)이 대표적이다. 김수영 시의 형태론적 분석은 여러 개의 논문들이 제출되었으며 최근의 논문으로는 여태천의 『김수영의 시어 특성 연구: '움직임'의 술어를 중심으로』(고려대학교 박사학위논문, 2005)를 들 수 있다.

문제를 새로운 문맥에서 재인식하는 것이라고 할 수 있다. 그런데 김수영 시의 모더니티를 재인식하기 위해서는, 그가 새로운 도시 문화 속에서 보여준 개인성과 감성의 변화에 대해 주목할 필요가 있다. 김수영 시를 이해하는 틀로서의 모더니즘과 리얼리즘이라는 해묵은 문학 이념의 대립항들은, 도시 생활인의 새로운 감각이라는 모더니티의 측면에서는 그 전선이 무의미해진다.[2] 김수영은 도시 생활의 한가운데서의 '설움'이라는 도시적 감수성을 발견함으로써 현대성을 새로운 차원에 진입시켰다. 그리고 그것은 단순히 소재적 공간의 문제가 아니라, 김수영 시의 감각적 구성과 정치성을 이해하는 데 필요한 문제적 지점이다.

김수영 시에서 도시적 삶의 문제를 이해한다는 것은 단순히 공간과 시간의 주제에만 한정되는 것은 아니다. 도시는 다만 장소의 문제가 아니며, 도시적인 삶의 형성, 도시적 인간의 탄생이라는 보다 근본적인 주제와 연관되어 있다. 이 장에서는 김수영 시에서의 도시의 표상화가 어떤 시선 체계를 통해 구축되는가를 분석하고자 한다.

도시를 일종의 표상의 체계로 본다면, 중요한 것은 도시를 구축하는 시선의 문제이다. 도시화 자체의 객관적 · 역사적 사실보다 문제적인 것은, 도시공간에 대한 태도와 시선의 체계, 그것을 표상하는 양식의 변화이다. 미학적 문제의 핵심은 이 도시공간에서의 다른 감각의 발견, 다른 삶의 가능성을 문학적으로 전유하는 것이다. 시간들과 공간들, 말과 소음, 가시적인 것과 비가시적인 것을 배분하고 재배분하는 것이 감성의 분할이라면,[3] 도시의 문학이 보여주는 것은 감각의 새로운 분화 방식이다. 김수

2 김수영이 민중적 가능성을 가지고 있었으나 모더니즘의 해독을 너무 많이 받았다는 민족문학론에서의 김수영의 이해는 그 일반적인 사례에 속한다.

3 자크 랑시에르, 유재홍 역, 『문학의 정치』(인간사랑, 2009), 11쪽.

영의 시가 문제적인 것은 현대시에서의 이 도시적 감성의 분할을 극적으로 보여준다는 것이며, 그것은 현대시가 보여주는 정치성의 한 의미 있는 국면이다.

2. 변두리 도시인의 시선

김수영을 도시의 시인이라고 할 때, 그것은 그가 서울 종로에서 출생했으며, 1949년 동인지 『새로운 도시와 시민들의 합창』에 시를 발표한 것을 비롯하여 도시 문명에 대한 비판적 관심을 보여주었다는 것만을 의미하는 것이 아니다. 그는 도시적 개인이 도시적 시공간에 대해 보여주는 시선의 움직임을 극적으로 보여주는 시인이었다. 김수영의 시에서 시선의 탄생과 모험은 그의 시세계를 관통하는 중요한 미학적 지점이다.[4] 김수영의 시적 자아에게서 '본다'는 행위는 그가 세상에 참여하고 세상을 해석하고 타자와 소통하는 중요한 방식이다. 그의 '시선의 동력'이 발생하는 중요한 공간은 도시의 거리이다. 그곳에서 그는 도시적 풍경을 단순히 바라보는 자가 아니라, 그 시선의 프레임 안에서 자신을 재인식하는 존재가 된다. 김수영의 산문 「駱駝過飮」은 이런 측면에서 김수영의 도시적 시선의 출발의 자리를 보여준다.

> 옷이 이렇게 전부 흙투성이가 되었으니 중앙지대의 번화한 다방에는 나갈 용기가 아니 나고 나가기도 싫고 몸도 피곤하여 여기 이 외떨어진 다방에나 잠시

4 남진우, 『미적 근대성과 순간의 시학: 김수영 · 김종삼 시의 시간의식』(소명출판, 2001), 76~88면 참조.

앉았다가 집으로 돌아갈 작정이다. [……]

갈 데가 없으니 다방에라도 가서, 여기가 세상을 내어다보는 유일한 나의 창이라고 생각하고 앉아있는 것인데, 내가 앉아있는 테이블은 언제나 사람들이 꾸역꾸역 모여있는 난로 가장자리는 아니고, 몸이 좀 춥더라도 구석 쪽 외떨어진 자리를 오히려 택하여 앉기를 즐겨하는 나다.

창을 내다보며 공상을 하는 것이 아니다. 무슨 무기체와 같이 그냥 앉아있는 것이다. 지금 내가 앉아있는 창밖에는 희고 노란 빛을 띤 낙타산이 바라보인다.[5]

산문 「駱駝過飮」(1953)에는 시인 자신의 지극히 사적인 에피소드가 기록되어 있다. 도시에 대한 시인의 태도는 스스로를 도시의 중심부에서 비껴나 있는 변두리적인 존재로 설정하는 데 있다. 다방에서도 "구석 쪽 외떨어진 자리를 오히려 택하여 앉기를 즐겨하는 나"라는 설정 역시 그러하다. 시인은 스스로를 도시의 외곽에 위치시킴으로써 대도시의 주변부에서의 하위적인 타자로 자신을 위치시킨다. 도시 변두리의 다방에서 "무기체와 같이 그냥 앉아 있는 것이다"라고 스스로를 묘사할 때, 그것은 감성을 자극하는 동시에 감성을 앗아가는 도시적 감각의 문제이다. 쓸쓸하다는 감성의 내용보다 쓸쓸함조차 느끼기 못하는 무기체적인 존재로서의 공포와 자기연민이 드러나 있다.

중요한 것은 이 변두리 도시인의 시선의 체계이다. 변두리 다방의 구석진 자리를 "세상을 내어다보는 유일한 나의 창"이라고 생각할 때, 다방의 창문이라는 프레임으로 도시공간을 응시하는 존재는 도시의 내부에 속해 있으면서 그 외부를 응시하는 자이다. 그 시선이 도시의 외곽에 위치한 '낙타산'을 포착할 때, 그 '낙타산'은 도시의 내부에서 도시의 외부를 응

5 김수영, 「駱駝過飮」, 『김수영 전집 2: 산문』(민음사, 1991), 19~21쪽.

시하는 공간적 표상이 된다. 그리고 그 '변두리 다방의 창'으로 '계집아이들'을 쳐다볼 때, '나'의 시선은 스스로 "무심하고 범연한" 것이라고 평가한다. 흥미로운 것은 그 '계집아이들'의 시선을 의식하는 문장들이다. '계집아이들'의 시선에 자신이 '이상한 존재'로 보인다고 판단하는 것은, 도시적 시선 체계 내에서 타자의 시선과 자신의 시선이 교차하는 지점을 구체적으로 드러낸다. 이 산문에서 김수영 시에서의 도시적 시선의 기본적인 양상들, 변두리적인 이방인의 관음적 관점과 정서적 양가성이 드러나 있다. 이제 김수영의 시 텍스트를 통해 그 도시적 시선의 양상을 분석해보자.

> 종로 네거리도 행길에 가까운 일부러 떠들썩한 찻집을 택하여 나는 앉아 있다
> 이것이 도회 안에 사는 나로서는 어디보다도 조용한 곳이라고 생각하고 있기 때문이다
> 그러한 나의 반역성을 조소하는 듯이 스무 살도 넘을까 말까 한 노는 계집애와 머리가 고슴도치처럼 부스스하게 일어난 쓰메이리의 학생복을 입은 청년이 들어와서 커피니 오트 밀이니 사과니 어수선하게 벌여놓고 계통 없이 처먹고 있다
> 신이라든지 하느님이라든지가 어디 있느냐고 나를 고루하다고 비웃은 어제저녁의 술친구의 천박한 머리를 생각한다
> 그 다음에는 나는 중앙선 어느 협곡에 있는 역에서 백여 리나 떨어진 광산촌에 두고 온 잃어버린 겨울모자를 생각한다
> 그것은 갈색 낙타 모자
> 그리고 유행에서도 훨씬 뒤떨어진 서울의 화려한 거리에서는 도저히 쓰고 다니기 부끄러운 모자이다
> 거기다가 나의 부처님을 모신 법당 뒷산에 묻혀 있는 검은 바위같이 큰 머리

에는 둘레가 작아서 맞지 않아 그 모자를 쓴 기분이란 쳇바퀴를 쓴 것처럼 딱딱하다

그러나 나는 그것을 시골이라고 무관하게 생각하고 쓰고 간 것인데 결국은 잃어버리고 말았다

그것이 아까워서가 아니라

서울에 들어온 지 일주일도 못 되는 나에게는 도저히 도회의 소음과 狂症과 속도와 허위가 새삼스러웁게 미웁고 서글프게 느껴지고

그러한 때마다 잃어버려서 아까웁지 않은 잃어버리고 온 모자 생각이 불현듯이 난다

저기 나의 맞은편 의자에 앉아 먹고 떠들고 웃고 있는 여자와 젊은 학생을 내가 시골을 여행하기 전에 그들을 보았더라면 대하였으리 감정과는 다른 각도와 높이에서 보게 되는 나는 제 감정이 보다 더 거만하여지고 순화되어진 탓이라고는 생각하지 않는다

나는 구태여 생각하여 본다

그리고 비교하여 본다

나는 모자와 함께 나의 설운 마음의 한 모퉁이를 모자 속에 놓고 온 것이라고

설운 마음의 한 모퉁이를. (김수영, 「시골선물」 전문)

이 시에 화자는 종로 네거리의 찻집에 앉아 있다. 이 찻집은 행길에 가까운 떠들썩한 곳이다. 이 찻집은 시의 화자에 의해 선택된 공간이다. 이 찻집은 이중성을 갖고 있다. 그곳은 '일부러' 선택한 떠들썩한 곳이면서, 한편으로는 "어디보다도 조용한 곳"이다. 떠들썩한 동시에 조용한 찻집. 그것은 그 찻집이 경계에 위치했기 때문이다. 행길에 가깝기 때문에 그 찻집은 떠들썩하지만 도회 안에서 그곳은 상대적으로 조용한 곳이다.

이 찻집의 이런 이중적인 위치는 도시공간에서의 시의 화자가 처해 있는 실존적 상황과 상동의 관계를 이룬다.

시의 화자의 시선은 "스무 살도 넘을까 말까 한 노는 계집애"와 "쓰메이리의 학생복을 입은 청년"에게 향한다. "어수선하게 벌여놓고 계통 없이 처먹고 있다"라는 표현이 보여주는 것처럼, 이들에 대한 화자의 시선은 우호적이지 않다. 화자는 한편으로 그들을 훔쳐보면서 한편으로는 그들에 대한 혐오감을 드러낸다. 이 관음증과 혐오감 사이에서 화자의 시선이 향하는 새로운 대상은 "광산촌에 두고 온 잃어버린 겨울모자이다." '겨울모자'는 "유행에서도 훨씬 뒤떨어진 서울의 화려한 거리에서는 도저히 쓰고 다니기 부끄러운 모자"이다. 서울에서는 쓸 수 없는 모자를 종로 네거리의 찻집에서 갑자기 떠올린 이유는 무엇인가? 도시의 한복판에서 화자는 도시와는 가장 먼 상징적인 소품을 생각해낸다. 그런데 그 모자는 잃어버린 모자이다. "시골이라고 무관하게 생각하고 쓰고 간 것인데 결국은 잃어버리고 말았다."

그 모자가 상징하는 것은 단순히 잃어버린 것에 대한 아쉬움의 차원이 아니다. "그것이 아까워서가 아니라", "도회의 소음과 광증과 속도와 허위가 새삼스럽게 미웁고 서글프게 느껴지"기 때문이다. 바로 도시의 설움이 그 잃어버린 모자를 "불현듯이" 생각나게 만든다. 모자는 도시의 설움이 호출하는 부재의 기호이다. 통사적으로 어색한 후반부의 문장에서 화자는 시골의 여행과 지금 종로 네거리에서 젊은이들의 보는 자신의 태도 사이를 성찰한다. "다른 감정과 높이에서 보게" 된다는 시선의 문제, 그 시선은 담지 "거만해지고 순화되어진"다는 것의 문제가 아니다. 모자와 함께 두고 온 "설운 마음의 한 모퉁이." 도시는 설운 마음의 한 모퉁이를 호출하는 공간이다. 그래서 이 시의 제목이 '시골 선물'인 것은 흥미롭다. 시골에서 잃어버린 것을 '선물'이라고 표현하는 역설에는 도시가 화자에게 선물하는 '반역성'과 '설움' 사이의 아이러니가 스며들어 있다. 그래서 모자는 시골의 선물이고, 설움은 그 부재의 기호를 불러들이는 도시의 선물이다.

3. 도시의 외부와 도시의 고현학

오래간만에 거리에 나와 보니
나의 눈을 흡수하는 모든 물건
그 중에도
빈 사무실에 놓인 무심한
집물 이것저것

누가 찾아오지나 않을까 망설이면서
앉아있는 마음
여기는 도회의 중심지
고개를 두리번거릴 필요도 없이
태연하다
— 일은 나를 부르는 듯이
내가 일 우에 앉아있는 듯이
그러나 필경 내가 일을 끌고 가는 것이다
일을 끌고 가는 것은 나다

헌 옷과 낡은 구두가 그리 모양수통하지 않다 느끼면서
나는 옛날에 죽은 친구를

잠시 생각한다

벽 우에 걸어놓은 지도가
한없이 푸르다
이 푸른 바다와 산과 들 우에
화려한 태양이 날개를 펴고 걸어가는 것이다

구름도 필요없고
항구가 없어도 아쉽지 않은
내가 바로 바라다보는
저 허연 석회천정 —
저것도
꿈이 아닌 꿈을 가리키는
내일의 지도다

스으라여
너는 이 세상을 點으로 가리켰지만
나는
나의 눈을 찌르는 이 따가운 가옥과
집물과 사람들의 음성과 거리의 소리들을
커다란 해양의 한 구석을 차지하는
조그마한 물방울로
그려보려 하는데
차라리 어떠할까
—이것은 구차한 선비의 보잘것없는 일일 것인가. (김수영, 「거리 (1)」)

거리에서 화자의 시선이 흡수하는 것은 무심한 물건들이다. 도회의 중심지는 "고개를 두리번거릴 필요도 없이 태연하다." 이 도시의 '무심함'과 '태연함'은 화자로 하여금 다른 공간에 대한 상상을 시작하게 만든다. 종로의 네거리에서 시골에서 잃어버린 모자를 생각하는 것처럼, 도회의 한 중심지에서 다른 공간을 상상한다. '헌옷'과 '낡은 구두' 같은 자신의 옷차림을 의식하면서 죽은 친구를 생각한다. 그리고는 '빈 사무실'의 벽에 걸려 있는 지도를 본다. 도심의 한복판 사무실의 지도는 도심의 공간에 대한 다른 상상적 차원으로 시적 화자를 인도한다. 이를테면 사무실의 "허연 석회천정"은 "꿈이 아닌 꿈을 가리키는 내일의 지도"이다. 그 내일의 지도는 사무실 공간과 푸른 지도의 사이의 도시적 꿈의 지도이다. 그 지도는 석회천정이 보여주는 것처럼 표백된 꿈의 지도이다.

도시의 한복판에 걸려 있는 지도로부터 다른 공간을 상상적으로 응시하는 시선의 움직임은 김수영 시의 전형적인 양상이다. 그래서 이 시의 화자는 도시를, 다시 말하면 "눈을 찌르는 이 따가운 가옥과/ 집물과 사람들의 음성과 거리의 소리들을" "커다란 해양의 한 구석을 차지하는/ 조그만 물방울로" 압축한다. 이 압축이 문제적인 것은, 도시의 피안을 은유하는 것이 아니라, 도시 전체를 '물방울'로 압축하는 적극적인 상상적 욕망을 드러낸다는 것이다. 도시공간에 압도된 개인은 빈 사무실에 걸린 지도의 상상적 공간에서 도시를 물방울로 요약함으로써 자신을 방어하려 한다. 하지만 "이것은 구차한 선비의 보잘것없는 일일 것인가"라는 반문이 따라온다. 그것은 자신의 상상이 가지는 힘에 대한 불안감, 압도적인 도시와 무력한 개인의 관계를 역전시키는 상상이 가지는 한계의 자의식과 연관되어 있다.

남의 일하는 곳에 와서 아무 목적 없이 앉았으면 어떻게 하리
남이 일하는 모양이 내가 일하고 있는 것보다 더 밝고 깨끗하고
아름다웁게 보이면 어떻게 하리

일한다는 의미가 없어져도 좋다는 듯이 구수한 벗이 있는 곳
너는 나와 함께 못난 놈이면서도 못난 놈이 아닌데
쓸데없는 도면 위에 글자만 박고 있으면 어떻게 하리
엄숙하지 않은 일을 하는 곳에 사는 친구를 찾아왔다
이 사무실도 네가 만든 것이며
이 많은 의자도 네가 만든 것이며
네가 그리고 있는 종이까지 네가 製紙한 것이며
청결한 공기조차 어지러웁지 않은 것이
오히려 너의 냄새가 없어서 심심하다

남의 일하는 곳에 와서 덧없이 앉았으면 비로소 설워진다
어떻게 하리
어떻게 하리 (김수영, 「사무실」, 전문)

대도시 공간에서의 개인의 감성을 포착하는 김수영의 시의 반복되는 장면 중에 하나는 다른 사람의 사무실을 방문하는 경험이다. 사무실은 도시의 사무직 노동이 이루어지는 공간이고 시의 화자는 그곳의 방문자이다. 앞의 시에서 텅 빈 사무실을 방문한 경험을 상상적 공간으로 변형시켰다면, 이 시에서는 타인의 직장을 방문한 화자의 정서적 동요를 짐작하게 한다. 화자는 여기서 일하는 타인에 대해 이중적인 시선과 태도를 취한다. 우선 그 일을 하는 사람은 화자의 친구이기 때문에 그에 대한 친밀

감을 감추지 않는다. 친구는 "구수한 벗"이고 친구가 일하는 모습은 "밝고 깨끗하고 아름다웁게" 보인다. 일하는 친구에 대한 화자의 이러한 친밀감은 그러나 "아무 목적 없이 앉아" 있는 자기 존재에 대해서는 보다 복합적인 내적 태도를 드러내게 된다. "너와 나는 함께 못난 놈이면서 못난 놈이 아닌데"라는 문장에서 나타나는 것처럼, 친구와 '나' 사이에는 일하는 사람과 목적이 없는 사람이라는 구별이 존재한다. 도시의 사무실은 사무직 노동자에게는 일터이다. 그러나 목적이 없이 그곳을 방문한 '산책자'로서의 '나'는 그 일터의 친구로부터 친밀감과 동시에 어떤 괴리감을 경험할 수밖에 없다.

친구 사무실의 사물들은 친구가 만들어낸 물건들이 가득한 공간이다. 다시 말하면 노동하고 생산하는 자로서의 친구 혹은 2인칭 '너'와 노동하지 않고 생산하지 않는 1인칭 '나' 사이에는 간격이 존재한다. 이 시의 두 번째 연은 2인칭 '너'를 향한 언어로 되어 있고 1연과 3연은 '남'이라는 3인칭의 호칭이 등장한다. 2인칭의 친밀한 어조와는 달리 1연과 3연은 타인과 자신과의 관계에 대한 고백적인 어조를 띤다. 그래서 이 시에서 마지막 연에 '설움'이 등장한다. "남의 일하는 곳에 와서 덧없이 앉아 있는 존재의 설움은, 도시의 목적 있는 노동과 생산에 참여하지 않는 자의 설움이며, 그 설움은 타인에 대한 설움이 아니라, 도시공간 속의 개인성을 둘러싼 설움이다. 일하는 '너/남'을 '덧없이' '목적 없이' 지켜보는 시선은 자신의 설움을 발견하는 지점에 도착한다.

돈을 버는 거리의 부인이여
잠시 눈살을 펴고
눈에서는 毒氣를 빼고
자유로운 자세를 취하여 보아라

여기는 서울 안에서도 가장 繁雜한 거리의 한 모퉁이
나는 오늘 세상에 처음 나온 사람모양으로 쾌활하다
피곤을 잊어버리게 하는 밝은 태양 밑에는
모든 사람에게 불가능한 일이 없는 듯하다
나폴레옹만한 豪氣는 없어도
나는 거리의 운명을 보고
달큼한 마음에 싸여서
어디로 가야 할지 모르는 마음—
[……]
거리에 굴러다니는 보잘것없는 설움이여
秦始王만큼은 강하지 않아도
나는 모든 사람의 고민을 아는 것 같다
어두운 도서관 깊은 방에서 육중한 백과사전을 농락하는 학자처럼
나는 그네들의 고민에 대하여만은 透徹한 自信이 있다
지프차를 타고 가는 어느 젊은 사람이
유쾌한 표정으로 활발하게 길을 건너가는 나에게
인사를 한다
옛날의 동창생인가 하고 고개를 기웃거려보았으나
그는 그 사람이 아니라
○○부의 어마어마한 자리에 앉은 과장이며 名士이다

사막의 한 끝을 찾아가는 먼 나라의 외국사람처럼 나는 어디로 가야 할지 모르겠다

지금은 이 繁雜한 현실 우에 하나하나 환상을 붙여서 보지 않아도 좋다

꺼먼 얼굴이며 노란 얼굴이며 찌그러진 얼굴이며가 모두 환상과 현실의 중간에 서서 있기에

나는 식인종같이 잔인한 탐욕과 강렬한 의욕으로 그중의 하나하나를 일일이 뚫어져라 하고 들여다보는 것이지만

나의 마음은 달과 바람모양으로

서늘하다 (김수영, 「거리 2」, 전반부)

김수영의 「거리 2」는 도시의 고현학에 관한 미학적 정점을 보여준다. 이 시는 박태원 이후의 거리 산책자의 전형적인 모습을 보여주면서도, 도시에서의 김수영의 내적 의식을 풍부하게 드러내고 있다. 우선 이 시의 처음에 등장하는 "돈을 버는 거리의 부인"은 누구인가? 흥미로운 것은 김수영이 거리에서의 여성을 대하는 태도이다. 김수영의 많은 시에서 여성이 등장하는 방식은 다분히 타자화된 것이며, 그것은 김수영 세대에 있어서의 여성과 섹슈얼리티에 대한 일반적인 관념을 대변하는 것이기도 하다. 특히 여성을 '돈'이라는 매개와 연관시키는 발상이 두드러진다. 거리에서 발견하는 여성에 대한 김수영 시의 도시 관음자적인 시선은 한국 현대시에서 전형적인 것이다.

이 시의 어조는 상대적으로 활달하다. "나는 오늘 세상에 처음 나온 사람 모양으로 쾌활하다"라는 문장이 말해주는 것처럼, 도시는 "모든 사람에게 불가능한 일이 없는 듯하다"는 느낌을 주는 곳이다. 이 쾌활함과 달콤함의 한편에는 "거리에 굴러다니는 보잘것없는 설움"이 있다. 문제는 이 시의 화자가 거리의 사람들을 보는 태도이다. 화자는 "모든 사람의 고민을 아는 것 같다"라고 말한다. "어두운 도서관 깊은 방에서 육중한 백과사전을 농락하는 학자처럼" '나'는 사람들의 고민에 대해 '투철한 자

신'을 가지고 있다. 이 '투철한 자신'은 거리의 사람들과 '나'를 구별 짓는 지점이기도 하다. 다른 방식으로 말하면 '나'는, 거리에서의 '나'의 정서와 타인들의 고민을 분석하는 지점에 있다. 이러한 '나'의 우월적인 지위는 거리의 군중들과 '나'를 구별 짓게 한다.

여기에 하나의 작은 사건이 개입한다. "지프차를 타고 가는 어느 젊은 사람"은 "○○부의 어마어마한 자리에 앉은 과장이며 名士이다." 거리의 군중에 향한 '나'의 우월적인 태도는 여기서 한 번의 굴절을 경험한다. 거리에서 우연히 마주친 그는 제도적 권력에 가까운 사람이고 그의 존재는 '나'의 거리에서의 위치를 다시 한 번 되돌아보게 한다. 여기서 모든 사람들의 고민에 대한 투철한 자신감을 가진 '나'는 다시 "사막의 한 끝을 찾아가는 먼 나라의 외국사람" 같은 존재가 된다. 이 이방인으로서의 '나'는 "환상과 현실의 중간에 서" 있는 사람들을 "잔인한 탐욕과 강렬한 의욕으로" "뚫어져라 하고 들여다"본다. 거리의 군중에 대한 '나'의 관찰이 '투철한 자신'으로부터 '잔인한 탐욕'으로 전환되는 과정에는, '지프차'와의 조우라는 우연하고 사소한 사건이 개입되었을 것이다. 군중에 대한 관찰자인 '나'의 위치가 '학자-자신감'으로부터 '이방인-탐욕'으로 변모해가는 과정에서 '내'게 남는 것은 '서늘함'이다.

> 암흑과 맞닿는 나의 생명이여
> 거리의 생명이여
> 倨慢과 傲慢을 잊어버리고
> 밝은 대낮에라도 謙遜하게 지내는 妙理를 배우자
>
> 여기는 좁은 서울에서도 가장 번거러운 거리의 한모퉁이
> 우울 대신에 수많은 기폭을

흔드는 쾌활

잊어버린 수많은 詩篇을 밟고 가는 길가에

영광의 집들이여 店鋪여 歷史여

바람은 면도날처럼 날카로웁건만

어디까지 명랑한 나의 마음이냐

구두여 洋服이여 露店商이여

인쇄소여 입장권이여 負債여 女人이여

그리고 女人 중에도 가장 아름다운 그네여

돈을 버는 거리의 부인들의

어색한 모습이여 (김수영, 「거리 2」, 후반부)

이 시의 후반부에서 화자는 거리의 군중들에 대한 관찰자로서의 자의식보다는 스스로의 '긍지와 예지'에 대해 말한다. 그 긍지와 예지는 '감상과 향수'의 차원이 아니며, '정적과 부드러움'을 포함하는 것이다. 그런 자신을 "암흑과 맞닿는 나의 생명"이라고 명명할 때, 도시에서의 '나'의 존재는 또 한 번의 상상적 위치 이동을 체험한다. '도회의 흑점'이라는 이미지의 연장선상에서 밝은 대낮의 거리에서의 '나'는 그 밝음과 뜨거움의 공간 속에 점처럼 박혀 있는 암흑에 가까운 존재이다. 그래서 이 시의 화자가 마침내 도달한 '겸손'은 도시의 군중에 대한 자신의 투철한 자신감과 탐욕을 통과한 지점에서의 '거리의 생명'을 발견하는 윤리적 지점이다. 거리에는 "잊어버린 수많은 詩篇들"이 있고, 거리에서 그 시편을 발견하는 상상적 시선의 동력은, 이를 테면 점포와 역사, 구두와 양복, 노점상과 인쇄소와 입장권, 부채(負債)와 돈을 버는 거리의 부인까지를, 거리의 그 모든 세속적 이미지들을 긍정하는 지점에 이른다. 이 지점은 도시 산책자 혹은 도시 관찰자의 윤리가 발견되는 지점이라고 할 수 있다.

관음적 시선의 대상으로서의 거리의 군중을 파악하는 시선은 풍경과 사물들로부터 거리의 생명을 내재적으로 찾아가는 과정으로 변용된다. 다른 방식으로 말한다면, 도시 내의 외부자로서 도시에 대한 비판적 관음의 자세를 취하던 시적 화자의 시선은, 도시 안에서 그 '생명'을 발견하는 성찰적 시선으로 이동한다. 이것이 김수영의 시적 자아가 거리에서 보여주는 시선의 동력이다.

4. 시선의 동력과 윤리학

도시 산책자 김수영의 감각의 모험은 도시의 변두리적 위치에서 도시의 외부를 사유하는 관점에서부터 출발하여 사랑의 정치학에 접근한다. 그의 대표작 가운데 하나인 「거대한 뿌리」에서 그것은 서울의 역사적 뿌리를 긍정하는 과정을 보여준다. 이 시에서 화자는 1894년의 서울을 묘사한 이사벨 버드 비숍의 글을 읽으면서, 서울의 '거대한 뿌리'에 대해 성찰한다. "전통은 아무리 더러운 전통이라도 좋다 나는 광화문/ 네거리에서 시구문의 진창을 연상하고 寅煥네/ 처갓집 옆의 지금은 매립한 개울에서 아낙네들이/ 양잿물 솥에 불을 지피며 빨래하던 시절을 생각하고/ 이 우울한 시대를 파라다이스처럼 생각한다." 광화문 네거리에서 1894년의 서울을 생각하는 것은, 앞의 시에서 나타난 것처럼 도시의 바깥을 상상하는 것과는 다르다. 그것은 지금의 도시를 있게 한 거대한 시간을 사유하는 것이다. 그 사유는 이 도시의 더러운 전통과 역사에 대한 깊은 이해에 이르며, 동시에 현재의 도시를 긍정하는 새로운 감성에 도달한다. 그것은 현실에 대한 관념적인 긍정이 아니라, 진창의 역사 위에서 이 새로운 도시의 우울한 시대를 긍정하는 일이다. 도시는 거대한 시간의 뿌리를 가진 공간으로 재발견된다. 그 재발견은 「사랑의 변주곡」에서 "도야지우리의 밥찌끼같은 서울의 등불을 무시하"고, "가시밭, 넝쿨장미의 기나긴 가시가지까지도 사랑"이라고 선언할 수 있는 지점에 이른다.

사랑의 기차가 지나갈 때마다 우리들의
슬픔처럼 자라나고 도야지우리의 밥찌끼
같은 서울의 등불을 무시한다
이제 가시밭 덩쿨장미의 기나긴 가시가지까지도 사랑이다
[……]
봄베이도 뉴욕도 서울도 마찬가지다
信念보다도 더 큰
내가 묻혀사는 사랑의 위대한 도시에 비하면
너는 개미이냐

아들아 너에게 狂信을 가르치기 위한 것이 아니다
사랑을 알 때까지 자라라
인류의 종언의 날에
너의 술을 다 마시고 난 날에
미대륙에서 석유가 고갈되는 날에
그렇게 먼 날까지 가기 전에 너의 가슴에
새겨둘 말을 너는 도시의 피로에서
배울 거다
이 단단한 고요함을 배울 거다 (김수영, 「사랑의 변주곡」, 일부)

김수영 시의 대표작 중의 하나로 평가되는 이 시에서 중요한 것은 사랑을 발견하는 공간으로서의 도시이다. "도야지우리의 밥찌끼 같은 서울의 등불"로부터 "내가 묻혀 사는 사랑의 위대한 도시"로 김수영의 도시는 이전한다. 여기서 서울은 '봄베이'와 '뉴욕'과 나란한 전지구적인 혹은 전인류적인 공간으로 전환된다. 시의 화자는 '도시의 피로'에서 '설움'만을 보여는 것이 아니라, 사랑을 내재한 '단단한 고요함'을 본다. '도시의 피로'로부터 '단단한 고요함'을 배우고 그 단단함 안에는 사랑이 숨어 있다. 도시를 복사씨의 단단한 고요함으로 압축하는 이미지는, 「거리 1」에서 도시를 '물방울'로 압축하는 것과는 다른 문맥이다. 도시에서 소외와 자기연민, 공허와 설움만을 보는 것이 아니라, 그 내재적 사랑의 가능성을 상상한다. "사랑의 위대한 도시"에 이르는 사유의 궤적은 "사랑을 만드는 기술", "눈을 떴다 감는 기술", "4 · 19에서 배운 기술"의 과정이다. 그것은 "소리 내어 외치지 않"고도 이 도시에서 '사랑'을 발견하는 기술이다. 이 기술은 도시 산책자의 소외된 관음자적 시선으로부터 도시의 내부에서 '사랑'을 발견하는 시선의 윤리학으로의 극적인 이동을 보여준다.

> 현대식 교량을 건널 때마다 나는 갑자기 회고주의자가 된다.
> 이것이 얼마나 죄가 많은 다리인 줄 모르고
> 식민지의 곤충들이 이십사 시간을
> 자기의 다리처럼 건너다닌다.
> 나이어린 사람들은 어째서 이 다리가 부자연스러운지를 모른다.
> 그러니까 이 다리를 건너갈 때마다
> 나는 나의 심장을 기계처럼 중지시킨다.
> (이런 연습을 나는 무수히 해왔다)
>
> 그러나 문제는 이러한 반항에 있지 않다.

저 젊은이들의 나에 대한 사랑에 있다.
아니 신용이라고 해도 된다.
'선생님 이야기는 이십년 전 이야기이지요'
할 때마다 나는 그들의 나이를 찬찬히
소급해가면서 새로운 여유를 느낀다.
새로운 역사라고 해도 좋다.

이런 驚異는 나를 늙게 하는 동시에 젊게 한다.
아니 늙게 하지도 젊게 하지도 않는다.
이 다리 밑에서 엇갈리는 기차처럼
늙음과 젊음의 분간이 서지 않는다.
다리는 이러한 停止의 증인이다.
젊음과 늙음이 엇갈리는 순간
그러한 속력과 속력의 停頓 속에서
다리는 사랑을 배운다.
정말 희한한 일이다.
나는 이제 적을 형제로 만드는 實證을
똑똑하게 천천히 보았으니까! (김수영 「현대식 교량」 전문)

시 「현대식 교량」은 시선의 윤리학의 한 정점을 보여주는 시이다. '현대식 교량'은 식민지 시대의 유산이다. 이 유산은 한국 모더니티의 식민성을 상징적으로 함축한다. 이 "죄가 많은 다리"에 대해 "나이어린 사람들은 어째서 이 다리가 부자연스러운지를 모른다." 시의 화자는 그 "죄가 많은 다리"를 건너갈 때마다 "심장을 기계처럼 중지시킴"으로써 그 역사의 죄의 무게를 견디려 한다. 문제는 한국적 모더니티의 식민성의 문제가 아니라, 이 다리가 상징하는 시간성의 문제이다. 젊은이들과 '나'와는 '20년'의 터울이 있고, '내'가 그 다리의 역사에 집착하는 것은 낡은 사고이다. 그런데 그들과의 대화를 통해 '나'는 '죄 많은 역사'에 갇혀 있는 것이 아니라, '새로운 역사'를 만난다. 다리에서 만나는 '새로운 역사'는 "늙음과 젊음의 분간이 서지 않는" 어떤 시간을 생성한다. 다리는 시간 위에 건설된 공간이다. "젊음과 늙음이 엇갈리는 순간/ 그러한 속력과 속력의 停頓 속에서/ 다리는 사랑을 배운다"라는 문장 속에서 다리의 시간은 '속력'의 문제가 아니라, 사랑의 문제 속에 놓인다. "적을 형제로 만드는 實證"이란 다리의 식민적인 모더니티를 받아들이면서, 죄 많은 다리의 역사를 모르는 젊음을 동시에 받아들이는 '사랑의 기술'이다. 이 지점에서 다리로 상징되는 도시의 모더니티에 대한 김수영의 시적 의식은, 그 한국적 모더니티의 끔찍한 식민성과 가속도를 '새로운 역사'를 만드는 '사랑의 기술'로 전환하는 시적 윤리학에 다다른다. 중요한 것은 그것에 이르게 되기까지의 시선의 이동이다. 김수영의 도시적 시선은 시의 전반부에서 "식민지의 곤충들이 이십사 시간을 자기의 다리처럼 건너다닌다"라는 조감(鳥瞰)의 시선으로부터, 시의 후반부에서 '다리'가 시적 진술의 주어가 되어 그 속도와 역사를 감각하는 내재적인 위치에 도달한다. '식민지의 곤충'을 응시하는 외부자적이고 냉소적인 시선에서 '다리' 위의 내부적인 위치로 자신의 시적 응시의 관점이 이동하는 것이다. 그것은 도시 외부자의 관음적 시선으로부터 도시의 시간에 대한 내재적인 성찰의 시선에 이르는 태도의 변화를 의미한다.

5. 감각의 모험과 그 정치성

도시의 설움에 대해 동시대의 누구보다 예민했던 시인 김수영이 서구적 모더니티의 미학에만 갇혀 있지 않았던 것은, 한국적 모더니티의 식민성과 속력 안에서 새로운 사랑과 혁명의 가능성을 발견했기 때문이다. 김수영은 도시적 공간 속에서 자신의 시선의 위치를 변두리적이고 외부적인 이방인으로 설정한다. 도시 변두리 다방의 구석진 자리에서 도시 외곽을 낙타산을 응시할 때의 뜨거운 비애(「駱駝過飮」), 종로의 찻집에서 시골의 잃어버린 모자를 생각하는 일(「시골선물」), 친구의 사무실을 하릴없이 방문하면서(「사무실」), 도시 외부의 다른 공간을 상상하고 도시의 소음과 풍경을 물방울로 압축하는 시선(「거리 1」). 그것은 도시의 내부에 속해 있으면서 스스로를 도시의 외부로 설정하고, 그 설정에 의해 도시의 내부에서 도시의 외부를 응시하는 시선의 체계를 만들어내었다.

그러나 이 도시의 외부자로서의 시선은 그 도시의 내부에서 새로운 사랑과 생명의 윤리를 찾아내는 발견의 시선으로 움직인다(「거리 2」, 「사랑의 변주곡」). 이 지점은 도시적 시선의 동력이 도시 산책자의 윤리를 발견하는 지점이다. 이러한 시선의 이동을 가능하게 하는 중요한 계기는 시인이 도시적 모더니티의 식민성을 받아들이면서 그로부터 내재적인 사랑과 혁명의 가능성을 사유했기 때문이다(「거대한 뿌리」). 중요한 것은 그러한 사유의 발견이, 도시적 시선의 감각적 이동으로 구체화되고 있다는 점이다. 그것은 도시에 대해 외재적인 관음의 위치와 조감(鳥瞰)의 시선으로부터 내재적인 시선으로의 이동을 의미한다(「현대식 교량」). 관음적 시선의 대상으로서의 거리의 군중과 도시를 대상화하던 시선은 도시의 내부에서 거리의 생명을 찾아가는 과정으로 전환된다.

도시 내부의 외부자로서 도시에 대한 외재적 비판의 자세를 취하던 시적 화자의 시선은, 도시 안에서 그 '생명'을 발견하는 윤리적 발견자의 시선으로 위치를 이동한다. 이 시선의 윤리학은 도시의 내부에서 현대의 시간과 역사의 시간을 동시에 포착하는 '겹시선'의 지점에 도달하게 만든다. 그는 도시 풍경을 시적 주체의 시각적 프레임 안에 가두어두지 않고, 그 풍경의 바깥에 있는 존재의 가능성을 열어놓는다. 김수영의 시에서 도시는 풍경이 아니라, 일종의 '사건'이다. 그의 시에서 도시적 존재는 구체적인 시간 속에 동사적으로 위치하고 있으며, 새로운 시간의 가능성이 그 안에 내재한다. 이런 감각의 모험은 도시의 내부에서 다른 삶의 가능성을 응시한다는 측면에서 감각의 정치학에 해당한다. 시에서의 정치성이 시인의 사회적 메시지나 발언의 문제가 아니라, 그 '감성의 분할'과 '감각의 분화'라는 측면에서 이해될 수 있다면,[6] 김수영의 도시적 감각의 모험은 풍경을 둘러싼 표상 체계의 전통적 위계를 깨뜨리는 신체의 언어라고 할 수 있다. 이것은 한국 현대시의 감각적 분화가 도달한 미적 모더니티의 문학사적 지점이었다.

---

6 자크 랑시에르, 유재홍 역, 『문학의 정치』(인간사랑, 2009), 11쪽.

제6장

오규원과 도시 이미지의 도상학

1. 오규원의 도시

오규원은 한국 현대시의 공간 안에서 적극적으로 시의 현대성에 대한 탐구를 보여준 시인이다. 한국 현대시에서의 미적 현대성의 중요한 국면이 언어에 대한 날카로운 시적 의식의 문제라고 한다면, 오규원은 그 방법론을 부단하게 모색한 시인으로 평가된다. 그의 시쓰기는 관념의 작용 이전의 세계에 닿으려는 '동사적인' 움직임을 보여준다고 할 수 있다.[1] 그런데 오규원 시의 현대성을 논의할 때, 아직까지 깊이 있게 논의되지 못한 부분이 그의 시에서의 도시적 감각과 이미지의 문제이다. 그는 '탈관념'의 시학을 줄기차게 밀고 나가서 '투명성의 시학'을 일관되게 추구했으며, 이것은 그의 시론을 통해서도 확인된다. 그가 탈관념의 시학을 밀고 나가는 과정에서 중요한 시적 방법론의 문제로 떠오르는 것이 사물

1 정과리, 「안에서 안을 부수는 공간」, 이광호 편, 『오규원 깊이 읽기』(문학과지성사, 2002), 139쪽.

의 이미지에 대한 즉물적인 감각을 발견하는 것이었다. 특히 그는 도시공간의 현대적 이미지 속에서 언어의 해체－재구성을 보여준 시인이다.

시집 『왕자가 아닌 한 아이에게』(1978)에서부터 『길, 골목, 호텔 그리고 강물소리』(1995)에 이르는 시기는 시적 방법론이 진화의 과정을 역동적으로 드러내고 있다. 이 시기에 그가 집중적으로 도시 이미지에 적극적인 관심을 가졌다는 것은 주목을 요한다. 이 장은 오규원 시에 나타나는 도시 이미지의 도상학을 분석하려 한다. 도상학은 상징성 · 우의성(寓意性) · 속성 등 어떤 의미를 가지는 도상을 비교하고 분류하는 미술사 연구 방법을 의미한다. 오규원 시에서 도상학을 논하는 것은, 그의 시가 시각적 발상과 그 상징적 구성으로 구축되어 있다는 것을 의미한다. 그런데 오규원의 도시 도상학은 도시의 이미지로부터 어떤 상징성과 우의성을 직접적으로 발견하는 것이 아니다. 오규원의 도상학은 좁은 의미의 도상학이 아니라, 의미 없는 사물들의 개별적인 존재감을 즉물적으로 환기시킴으로써 도시의 이미지를 재구성하는 방식으로 구성된다. 오규원의 도시는 이미지의 구성 이외에 관념성을 배제하는 투명성의 도상학에 이른다. 오규원의 시는 도시의 시각적 재구성으로서의 도상학이지만, 그것이 도시에 대한 관념적 해석학을 의미하는 것이 아니라는 측면에서 전통적인 도상학을 벗어난다. 현대 미술에서의 도상학은 어떤 사회적인 의미와 연관이 있는 특정한 이미지를 표현하는 술어로 쓰이는 경향이 있다. 오규원의 도상학은 도시적 경험과 감각이라는 사회적 연관성에 기반을 두는 투명성의 도상학이다.

오규원의 시에서 도시 이미지의 문제가 중요한 것은, 그것이 새로운 감각과 언어를 발견하는 '현상 읽기'로서의 의미를 가졌기 때문이다. 그는 도시의 즉물적인 미학을 재구성하고, '길'로 표상되는 도시적 삶의 체험과 '광고 언어'를 비롯한 도시의 언어에 대해 탐구했으며, 도시의 시간성에 대한 새로운 감각에 이르렀다. 문학에서의 모더니티의 문제가 '현대적인 태도'와 관련된 문제라면, 이것은 현대적인 공간에 대한 현대적인 표상화의 문제와 연루된다. 다시 말하면 도시라는 공간을 심적으로 혹은 물리적으로 재현전화(再現前化)하는 문제이다.[2]

오규원은 도시적 감각의 발견으로부터 투명한 현상으로서의 도시 이미지를 재구성한다. 그의 시는 도시의 이미지들의 자립성을 보존하고 광고 언어의 감각을 비판적으로 재구성했으며, 이를 통해 도시의 물신성(物神性)에 대응하는 시적 언어의 자율성을 추구했다. 궁극적으로 그것은 도시 이미지의 도상학을 구성하고 그것을 다시 해체하는 시적 모험을 의미하는 것이었다. 이를 도시에 대한 시적 감각의 발명이라고 부를 수 있으며, 도시적 모더니티에 대한 비판적 탐구로서의 미적 모더니티를 보여준 것으로 평가할 수 있다.

2. 도시와 투명성의 도상학

개봉동 입구의 길은
한 송이 장미 때문에 왼쪽으로 굽고,
굽은 길 어디에선가 빠져나와
장미는
길을 제 혼자 가게 하고
아직 흔들리는 가지 그대로 길 밖에 선다.

2 이효덕, 박영관 역, 『표상공간의 근대』(소명출판, 2001), 19쪽.

보라 가끔 몸을 흔들며
잎들이 제 마음대로 시간의 바람을 일으키는 것을.
장미는 이곳 주민이 아니어서
시간 밖의 서울의 일부이고,
그대와 나는
사촌들 얘기 속의 한 토막으로
비 오는 지상의 어느 발자국에나 고인다.

말해 보라
무엇으로 장미와 닿을 수 있는가를.
저 불편한 의문, 저 불편한 비밀의 꽃
장미와 닿을 수 없을 때,
두드려 보라 개봉동 집들의 문은
어느 곳이나 열리지 않는다.[3]

그의 초기시의 대표작 중의 하나인 이 시는 오규원의 도시 이미지의 중요한 출발점을 보여준다. '개봉동'이라는 특정한 지명을 제목으로 드러내게 함으로써 도시적 공간은 구체성을 확보한다. 시의 화자가 이 공간에서 주목하는 것은 '장미'와 '개봉동'의 관계이다. '장미'는 개봉동이라는 공간에 피어 있는 하나의 사물에 불과할 것이다. 그러나 그 '장미'의 이미지에 주목함으로써 개봉동의 길의 구조는 장미와 특별한 관계 속에 놓이게 된다. "개봉동 입구의 길은/ 한 송이 장미 때문에 왼쪽으로 굽"었다고 묘사함으로써, 개봉동 공간에 속한 사물들은 능동성을 확보한다. '길'

3 오규원, 「개봉동과 장미」, 『오규원 시전집 1』(문학과지성사, 2002), 109쪽.

과 '장미'가 시적 자아의 단순한 시선의 대상으로 포착된 풍경이 아니라, 그 풍경의 내부를 구성하는 능동적 역할을 담당하고 있다. 1연의 주어인 '길'과 '장미'라는 비인칭적인 주체들은 "왼쪽으로 굽고", "길 밖에 선다"와 같은 서술어를 거느린다. 시의 행위의 주체가 '길'과 '장미'라는 것은 도시공간에서 발견한 사물들의 능동성을 부각시킨다.

2연에서는 '시간'에 관한 이미지가 등장한다. "잎들이 제 마음대로 시간의 바람을 일으키는" 사물이고, "장미는 이곳 주인이 아니"다. '장미'는 "이곳 주민이 아니"기 때문에, "시간 밖의 서울의 일부"이다. '시간 밖의 서울'이라는 시어에 주목할 때, '장미'는 '시간 내부'에 있는 사물이 아니라, 시간에 속하지 않은 사물이다. 그것은 '장미'가 서울이라는 시간 속에 '등기'되지 않은 존재라는 것을 암시한다. '서울'이라는 공간은 '주민', 다시 말하면, 등기된 존재만을 그 시간 안에 받아들인다. 이것이 '서울의 시간' 혹은 '서울의 길'이 가지는 경계의 권력이다. 1연에서 '장미'가 "길 밖에 선다"라고 표현한 맥락도 이에 연관된다. '그대'와 '나'라는 이 시의 인칭적 주체에 대해 "사촌들 얘기 속의 한 토막으로/ 비 오는 지상의 어느 발자국에나 고인다"라고 표현할 때, 이 존재들은 실체 없는 소문의 이미지를 갖는다. '개봉동'이라는 도시의 지역은 닫힌 시간의 공간이다. 그곳의 '장미'가 '닿을 수 없는' "저 불편한 비밀의 꽃"인 이유는, 그것이 그 도시의 시간 밖에 존재하는 사물이기 때문이다. 그 시간 밖에 닿을 수 없을 때, 도시의 공간은 "어느 곳이나 열리지 않"는 닫힌 세계이다.

천우사 약방 앞길
여자 배추장수 돈주머니로 찾아드는 비
땅콩장수 여자 젖가슴으로 찾아드는 비

사과장수 남자 가랑이로 찾아드는 비
그러나 슬래브 지붕 밑의 시간은 못 적시고
슬래브 지붕 페인트만 적시는 비
서울특별시 開峰洞으로 편입되지 못한
경기도 시흥군 서면 光明里의 실룩거리는 입술 언저리에 붙어 있는
잡풀의 몸 몇 개만 버려놓는 비[4]

이 시 역시 '개봉동'이라는 구체적인 지명이 등장하고 '비'라는 사물의 이미지가 그 공간에 등장한다. 이 시의 행위 주체는 '비'라는 비인칭이다. '천우사 약방 앞길'이라는 특정한 공간에 '비'는 "여자 배추장수 돈주머니", "땅콩장수 여자 젖가슴", "사과장수 남자 가랑이"라는 구체적인 신체적 이미지로 찾아든다. '비가 찾아든다'라는 문장에서 주어는 비인칭의 주체이다. 이 비가 적시는 공간은 한계가 있다. "그러나 슬래브 지붕 밑의 시간은 못 적시고/ 슬래브 지붕 페인트만 적시는 비"라는 표현에서 드러나는 것처럼, 비는 그 공간의 표피만을 적실 뿐, 그 내부의 시간을 적시지는 못한다. 여기서 '개봉동'과 '비'의 관계는, 앞에서의 '개봉동'과 '장미'의 관계처럼, 공간적으로 '개봉동'이라는 도시의 내부에 속해 있으면서도 시간적인 차원에서는 그곳에 스며들지 못하는 관계이다. "서울특별시 開峰洞으로 편입되지 못한"이라는 문장이 드러내는 바와 같이, '비'는 개봉동이라는 '서울특별시'의 등기된 시공간 안으로 스미지 못한다. "경기도 시흥군 서면 光明里의 실룩거리는 입술 언저리에 붙어 있는 잡풀의 몸"은 '서울특별시'라는 중심의 지명에 편입되지 못하는 변두리 공간에 대한 환유이다. 그래서 '비'가 '온다'라는 비인칭적인 사건

4 오규원, 「개봉동과 비」, 『오규원 시전집 1』(문학과지성사, 2002), 222쪽.

은 도시의 내부와 외부의 경계에서 벌어지는 시공간적인 사건이다.

이 거리가 나를 내가
가두게 한다
이 거리의 속도가
이 충무로가 나를
내가 가두게 한다
치사하게 내가
비겁하게
나를 가두게 한다

[……]

이 충무로에서 오늘
내 권리를 가둘 수
있는 자는
나 하나이므로 내가
이곳에 나를 가둔다
열린 상가의 닫힌
세계 속에
이른 아침의 침몰 속에

자물쇠와 열쇠를 동시에
쥐고 비겁하게
노예답게

충무로의 깊은 자궁 속에

증명서도 없이 도지는 봄 속에

고향을 떠나서 화농하는

상처 속에

하느님 용서하소서[5]

'충무로'라는 공간 역시 '개봉동'의 공간처럼 서울의 특정한 지명이면서, 도시적인 공간에 대한 환유적인 이미지이다. '충무로'는 '개봉동'과는 다른 지명이지만, 그것이 도시적 공간을 환유하는 이미지라는 측면에서는 상동성을 갖는다. 이 시에서 '충무로'의 구체적인 사물이나 풍경이 등장하는 것은 아니다. 이 시에 중요한 것은 "이 거리가 나를 내가/ 가두게 한다"라는 문장으로 압축되는 도시의 마력이다. '사동'(使動)의 종속절을 통해 드러나는 이 도시의 마력은 '나'를 직접 가두는 것이 아니라, '나를 내가 가두게 한다.' 그 사동의 주체로서의 '거리'는 '거리의 속도', '충무로' 등으로 변주되지만 그것이 암시하는 것은 '나'에게 가해지는 도시의 어떤 힘이다. '치사하게', '비겁하게', '노예답게', '더럽게'라는 형용사들이 말해주는 것처럼, 그 힘에 대한 시적 화자의 가치판단은 부정적인 것이며, "하느님 용서하소서"라는 탄식에서 드러나듯이, 그것은 윤리적인 죄의식을 동반한다. 그 거리의 마력은 '홍콩'이나 '동경' 같은 이국의 도시들과 마찬가지의 보편적인 성격을 갖는다. 도시의 속도는 자연의 시간을 거슬러 '남산'을 녹일 정도의 힘을 갖는다. 여기서 '나'라는 1인칭 주체는 행위의 주체라기보다는 거리의 마력에 의해 조종당하는 수동

5 오규원, 「충무로에서」, 『오규원 시전집 1』(문학과지성사, 2002), 347~348쪽.

적인 존재이다.

이 시의 2연에서 '나'라는 주체의 위치는 조금 이동한다. "이 충무로에서 오늘/ 내 권리를 가둘 수/ 있는 자는/ 나 하나이므로"라는 설명이 말해주는 것처럼, '가두는' 행위의 직접적인 주체가 '나' 자신이라는 것이 강조된다. 거리의 힘이 '나'로 하여금 '나'를 가두게 하지만, 중요한 것은 '나'를 가둘 직접적인 힘은 '나' 자신이라는 점이다. 이와 같은 강조점의 이동은 '나'의 자율성을 새삼스럽게 강화하는 것이 아니다. '나'는 여전히 도시의 힘에 대해 자율적이지 못하다. 그러나 결국 도시의 힘에 의해 스스로를 가두는 것은 '나'의 '권리'이다. 이것을 '권리'라고 말할 때, 그것은 자율성의 권리가 아니라, 타율성에 대한 권리이다. 다른 방식으로 말한다면, 그것은 타율성에 대한 자율성이다. 마지막 연에 나오는 "충무로의 깊은 자궁"이라는 시어에 주목한다면, 충무로는 '나'를 낳는 '깊은 자궁'이다. 도시가 '나'로 하여금 '나 자신'을 가두게 한다는 부정적인 인식은, 그럼에도 불구하고 '나'는 도시가 낳은 존재라는 아이러니를 동반하게 된다. 이 아이러니는 "고향을 떠나서 화농하는/ 상처 속에"라는 이미지에서 나타나는 것처럼, '충무로/ 고향'의 이분법을 새로운 역설의 관계 속으로 진입시킨다. 도시의 속도와 힘은 직접적으로 '나'를 억압하는 것이 아니라, '나'를 다시 낳는다. '나'는 단지 수동적인 존재인 것이 아니라, "자물쇠와 열쇠를 동시에" 쥔 존재이다. 이 타율적인 자율성이야말로 도시인인 '내'가 가진 죄의식의 깊은 아이러니에 속한다.

노점의 빈 의자를 그냥
시라고 하면 안 되나
노점을 지키는 저 여자를
버스를 타려고 뛰는 저 남자의

엉덩이를
시라고 하면 안 되나

나는 내가 무거워
시가 무거워 배운
작시법을 버리고
버스 정거장에서 견딘다

경찰의 불심 검문에 내미는
내 주민등록증을 시라고
하면 안 되나
주민등록증 번호를 시라고
하면 안 되나

안 된다면 안 되는 모두를
시라고 하면 안 되나

[……]

시대의
시가 배반을 알 때까지
쮸쮸바를 빨고 있는
저 여자의 입술을
시라고 하면 안 되나[6]

이 시는 물론 '작시법'과 그에 관한 시, 혹은 일종의 '시론'으로 이해할 수 있다. 그의 '탈관념'의 시론을 압축적으로 보여준다고 이해할 수 있다. 사물의 이미지를 어떤 특정한 관념의 보조관념으로 동원하는 것이 아니라, 사물의 존재 자체를 관념의 매개 없이 시적인 것으로 인식하려는 그의 시적 방법론이 잘 드러나 있다고 볼 수 있다. "시가 무거워 배운/ 작시법을 버리고", "어리석은 독자를/ 배반하는 방법"을 궁리하는 작시법. "의미하는 모든 것은 배반을 안다"라고 선언할 때, '의미'의 구속은 이미 사물에 대한 특정한 관념의 억압과 배반을 지칭하는 것이다. 따라서 존재의 시는 사물을 어떤 관념의 보조관념으로 도구화하는 것이 아니라, 사물 자체의 존재론적 감각을 이미지화한다.

그런데 여기서 주목할 수 있는 부분은 그가 시적인 것의 직접성을 표현하기 위해 '선택'한 사물들의 특성이다. '버스 정거장에서'라는 제목의 시가 말해주는 것처럼, 이 시에서의 등장하는 사물들과 이미지들은 '버스 정거장'의 풍경에서 포착한 이미지들이다. "노점의 빈 의자", "노점을 지키는 저 여자", "버스를 타려고 뛰는 저 남자의/ 엉덩이", "경찰의 불심 검문에 내미는/ 내 주민등록증", "오지 않는 버스", "쮸쮸바를 빨고 있는/ 저 여자의 입술" 등이 그것들이다. 시론에 관한 시인의 의식적인 입장과는 다른 맥락에서 여기에 등장하는 이미지의 계열들은 이미 특정한 하나의 프레임을 구성한다. '버스 정거장'이라는 풍경의 선택에는 이미 시인 혹은 시적인 자아의 어떤 미적인 선택과 배제가 개입되어 있다. 도시의 일상적 풍경과 개인에 대한 도시의 규정력 사이에서 이 시의 이미지들이 선택되어진 것이다. 그 선택은 우연에 맡겨진 것이고 자의적인 것처럼 보이지만, 이 이미지들은 도시공간의 익명적인 존재감을 표현한다는 측면

---

6 오규원, 「버스 정거장에서」, 『오규원 시전집 1』(문학과지성사, 2002), 343~344쪽.

에서 하나의 계열체를 이룬다. 이 시는 시인의 작시법을 명시적으로 보여준다는 측면 못지않게, 시적 자아가 도시공간의 사물들과 이미지들에 대해서 가지는 즉물적인 존재감의 미학을 표현해주고 있다. 이런 이유로 이 시에서 시적인 것으로 표현한 이미지들은, 무작위적인 사물들의 나열이 아니라, 선택된 이미지의 계열체들이 이루는 특정한 장면의 즉물적 미학이다. 오규원의 도시 이미지들은 특정한 관념을 대변하는 보조관념으로서가 아니라, 도시적 시간과 공간의 투명성을 보여주는 장면의 구성물들이다. 그 장면으로부터 특정한 관념을 구현하려는 시적 자아의 주체성 혹은 주관성이 최대한 절제되고, 도시의 존재들이 비인칭적인 자율성을 갖는다는 측면에서 오규원 시의 도시 이미지의 도상학적 특징이 발생한다.

> 대방동 조흥은행과 주택은행 사이에는 플라타너스가 쉰일곱 그루, 빌딩의 창문이 칠백 열아홉, 여관이 넷, 여인숙이 둘, 햇빛에는 모두 반짝입니다.
>
> 대방동의 조흥은행과 주택은행 사이에는 양념통닭집이 다섯, 호프집이 넷, 왕족발집이 셋, 개소주집이 둘, 레스토랑이 셋, 카페가 넷, 자동판매기가 넷, 복권판매소가 한 군데 있습니다. 마땅히 보신탕집이 둘 있습니다. 비가 오면 모두 비에 젖습니다. 산부인과가 둘, 치과가 셋, 이발소가 넷, 미장원이 여섯, 모두 선팅을 해 비가 와도 반짝입니다.[7]

이 시에서 도시공간에 대한 시인의 즉물적인 미학은 도시공간의 수학적인 무의미성을 발견하는 지점에 이른다. "대방동 조흥은행과 주택은행

---

7 오규원, 「대방동 조흥은행과 주택은행 사이」, 『오규원 시전집 2』(문학과지성사, 2002), 118쪽.

사이"에 있는 건물들과 그 숫자를 의미 없이 나열한다. "반짝입니다", "있습니다", "젖습니다"와 같은 서술어들은 그 사물들의 '있음' 자체를 보여줄 뿐이다. 사물들이 행위의 주체로 등장하는 것이 아니라, 다만 '있음'의 상태를 드러낸다는 측면에서 이 시의 특이성이 있다. 중요한 것은 역시, 이 사물들의 '있음'을 관찰하는 시선이다. 이 사물들의 사실성은 도시적 풍경을 있는 그대로 호명하려는 의도에서 기인하는 것인데, 그러나 그것들은 선택된 호명의 대상이다. 이 시는 도시공간 속에 사물들의 있음을 드러내면서, 그 사물들을 호명하는 시선을 탈관념화시킨다. 여기서 오규원의 도시는 이미지의 구성 이외에 어떤 상징성도 배제하는 투명성의 도상학에 이른다. 오규원의 도시 도상학은 도시 이미지의 의미 없음을, 사물의 개별적인 존재감을 즉물적으로 환기시키는 방식으로 구성된다. 그것은 도시적 경험과 감각이라는 사회적 연관성 속에 기반을 두는 투명성의 도상학이다.

3. '길'의 정치학과 물신의 언어

오규원의 도시 이미지는 도시의 사물들에 대해 비인칭적인 자율성을 부여함으로써 도시적 공간에 대한 인간적 관점과 관념의 개입을 차단하는 즉물성의 미학과 투명성의 도상학에 도달한다. 오규원의 시학은 다른 한편으로는 도시의 '길'로 표상되는 제도적 힘에 대한 비판적 관심을 심화시키며, 여기에서 오규원 특유의 '길'의 도상학과 정치학이 발생한다. 이 지점에서 오규원의 도상학은 사회적 상징의 차원을 갖게 된다.

잘 다져진 아스팔트 길, 그 위로

아이들이 삼삼오오 유치원을 갑니다
아이들이 삼삼오오 국민학교를 갑니다
중학교를 갑니다 고등학교를 갑니다
대학교를 갑니다

하자가 생기면 보수를 서두르는 길
안전 수칙이 정해진 길
아이들이 그 길로 다시 돌아옵니다
내일 다시 갈 그 길로 돌아옵니다
어른들이 자동차를 타고 돌아옵니다
사람들을 따라 지상의 시간도 돌아옵니다

궁륭 밑 그 길
길 밖의 나무가 망설이며
잎을 떨어뜨리다 멈추는 그 길[8]

오규원에게 '길'이란 도시적 이미지의 일부이면서, 제도적 삶의 행로라는 알레고리적 요소를 갖는다. 이 '길'에 대한 비판적 인식은 물신 시대의 왜곡된 통행로로서의 '길'과 여기에 대한 무반성적인 보행에 대한 반성으로 이어진다. 오규원의 '길'에서는 길의 선택적 방향성이나 그 길의 보편적인 의미가 문제되지 않는다. 문제는 그 길의 '안'과 '밖'과 관련된 위상학적인 것이다. 위의 시에서는 제도화된 길 자체의 성격을 비판적으로 구성한다. 시는 벗어날 수 없는, 벗어나려 하지 않는 규범적인 궤도

8 오규원, 「아스팔트」, 『오규원 시전집 2』(문학과지성사, 2002), 24쪽.

의 이미지를 보여준다. 그 궤도 위에서 문제가 생기면 그 궤도는 전면적으로 수정되는 것이 아니라 단지 '보수'될 뿐이다. 그 길은 '안전 수칙'에 따라가야만 한다. '궁륭'을, 그 길의 궤도를 덮고 있는 거대한 지붕 혹은 그것을 규율하는 힘에 대한 이미지로 이해할 수 있다면, '길 밖의 나무'는 그 제도적 궤도로부터 비껴나 있는 존재이다. 그 존재는 이 시의 화자의 시선의 위치이기도 하다. '길 밖의 나무'의 시선으로 그 길을 바라볼 때, 그 길의 제도적 억압성은 보다 날카롭게 드러난다.

> 서울은 어디를 가도 간판이
> 많다. 4월의 개나리나 전경(全景)보다
> 더 많다. 더러는 건물이 마빡이나 심장
>
> 한가운데 못으로 꽝꽝 박아 놓고
> 더러는 문이란 문 모두가 간판이다.
> 밥 한 그릇 먹기 위해서도 우리는
> 간판 밑으로 머리를 숙이고 들어가야
> 한다. 소주 한 잔을 마시기 위해서도 우리는
> 간판 밑으로 또는 간판의 두 다리 사이로
> 허리를 구부리고
> 들어가서는 사전에 배치해 놓은 자리에
> 앉아야 한다. 마빡에 달린 간판을
> 보기 위해서는 두 눈을 들어
> 우러러보아야 한다. 간판이 있는 곳에는
> 무슨 일이 있다 좌와 우 앞과 뒤
> 무수한 간판이 그대를 기다리며 버젓이

가로로 누워서 세로로 서서 지켜보고 있다.

간판이 많은 길은 수상하다. 자세히

보라 간판이 많은 집은 수상하다[9]

'길'의 제도적 억압성이라는 차원과는 다른 문맥에서, 도시의 '길'은 광고 언어로 덮여 있다는 또 다른 특징을 갖는다. 간판이 많은 거리의 풍경은 익숙한 것이다. 이 시는 그 익숙한 풍경을 특수화함으로써 그 풍경 안의 부정성을 드러낸다. 시의 화자에게 간판이 많은 길은 수상하게 느껴진다. 간판의 본래적 기능은, 그 간판이 붙어 있는 집의 성격을 알려주기 위한 정보적 기능이다. 그 정보적 기능은 그러나, 간판이 손님을 끌기 위한 상업적 책략의 일부로 활용되면서 그 투명성을 잃는다. 간판은 소비욕구를 자극하기 위한 언어적 장식이다. 이 자본주의적 세계에서 마음대로 상점과 물건을 선택할 수 있다는 주체성과 자율성의 신화는, 소비의 주체를 수동적인 상태에 머물게 한다. "들어가야 한다", "우러러보아야 한다" 등의 명령적인 어투는 이러한 소비 행위의 수동성을 드러낸다. 그래서 "버젓이 가로로 누워서" 있는 간판은 가증스럽다.

그런데 왜 유독 도시의 거리에서 '간판'만을 문제 삼을까? 시의 화자의 시선에는 간판이 "4월의 개나리나 전경보다 더 많다." "더 많다"라는 표현은 그러나 엄밀하게 객관적인 것은 아니다. 시적 화자의 시선에서 문제가 되는 것은 도시의 한가운데 어색하게 피어 있는 '개나리'의 모습이나 사회적 사건을 암시하는 '전경'이 아니다. '4월의 개나리'나 '전경'은 쉽게 그 '수상함'이 노출되는 대상이다. 간판의 수상함은 눈에 보이지 않는 익숙한 수상함이다. 도구화된 언어의 수사학적 위장은 눈에 잘 보이지 않

9 오규원, 「간판이 많은 길은 수상하다」, 『오규원 시전집 2』(문학과지성사, 2002), 34쪽.

고, 그 수상함을 간파하는 것은 도시 언어의 '수상함'을 간파하는 문제적 시선이다.

> 나는 사랑하는 애인에게 사주고 싶네 하이네 같은 쌍방울표 메리야스, 위즈워스 같은 일곱 색 간지러운 삼각팬티, 아 나는 등기 소포로 보내고 싶네 바스카 포파의 「작은 상자」에 든 월계관표 콘돔
>
> 지친 뒤 늘 혼자
> 한잔의 술에 취해 서쪽
> 하늘의 능선에다 번번이 토악질을
> [……]
> 나는 지금 쇼핑센터를 돌며
> 오징어 다리를 잔인하도록 유쾌하게 찢어
> 씹는다 가로등이
> 주둥이 밑으로 찝찝한
> 타액을 조금씩 양을 늘려
> 흘리기 시작할 때[10]

「詩人 久甫氏의 一日」 연작에서 시인은 일찍이 박태원과 최인훈이 보여준 도시 산책자의 도시 고현학을 시도한다. 박태원과 최인훈의 소설에서 두드러진 것이 도시 산책자로서의 작가의 자기의식의 흐름과 도시공간의 탐색이었다면, 오규원의 연작에서 중요한 것은 '언어'의 문제이다. 특히 위의 시는 '쇼핑센터에서'라는 부제가 말해주는 것처럼, 쇼핑센터

---

10 오규원, 「詩人 久甫氏의 一日 3」, 『오규원 시전집 1』(문학과지성사, 2002), 363~364쪽.

를 돌아다니면서 그곳의 브랜드 이미지를 소비하는 의식의 문제를 다룬다. '간판'의 언어처럼 각종 상품의 브랜드 역시 첨예한 자본주의의 언어이다. 광고 언어는 현란하고 매끄러운 행복의 환상, 쾌락과 풍요의 이미지를 선물한다. 그 판타지에 매몰된 소비의 주체는 그것들이 던져주는 따뜻하고 나른한 행복의 이미지에 그 상품 자체를 동일시하는 일차원적인 의식에 머물게 된다. 그런데 상품 자체와 구별되는 상표의 이미지의 자율성은 한편으로는 '팝아트'의 세계처럼 현대적인 미학의 원천이기도 하다.

대도시 공간에서의 시각 양식을 전형적으로 보여주는 쇼핑센터는 그런 이유로 도시 자체의 공간과 상동성을 갖는다.[11] 쇼핑센터는 상품 전시의 스펙터클과 소비의 관계를 보여주는 핵심적인 장소이다. 그곳은 교환가치의 거대한 신전과도 같다. 압도적인 물량으로 전시된 상품들에 대한 소비자-산책자의 시선은 전형적으로 파노라마적인 것이 된다. 산책자-소비자가 쇼핑센터에서 소비하고 싶은 브랜드의 이미지는 이 시에서 서구의 시인들의 이름과 함께 나열된다. 이런 돌발적인 병치적 비유의 효과는 이중적이다. 쇼핑센터에서 진열된 브랜드를 소비하는 산책자의 일차원적인 의식을 드러내면서, 그곳에 서구 문학인들의 이름을 통해 그 브랜드의 이미지를 낯설게 한다. 이 시의 후반부는 앞에서 나열된 브랜드의 이미지들과는 다른 우울한 내적 의식의 상태를 표현한다. 앞의 어조의 발랄함과 후반부 어조의 하강의 대비를 통해 쇼핑센터의 파노라마적인 소비 이미지는 다시 한 번 낯설어진다.

반쪽만 빨간 구두 한 켤레가 간다

---

11 이성욱, 『한국근대문학과 도시문화』(문화과학사, 2004), 193쪽.

점점만 빨간 구두 한 켤레가 닿는
점점의 길을 끊으며
전폭적으로 검푸른 구두 한 켤레와
부분적으로 검붉은 구두 한 켤레와
나란히 가다가 에스콰이어 앞에서
　　　　니나리찌 앞에서
　　　　비제바노 앞에서
　　　　브랑누아 앞에서
뒷굽을 들었다가 내리며 내렸다가 비틀며
기울며 나란하지 않게…… 그렇게

사랑이여, 길인 사랑이여, 길의 끝에서
만나는 섬의 심장이여, 말보다 먼저 지어놓은 절이여
너의 따로따로 외로운 육체는…… 그렇게[12]

오규원의 '명동' 연작 역시, 자본주의적인 '길'과 '언어'의 관계에 대한 시적인 탐구를 보여준다. 이 시에서 명동 거리를 걷는 사람의 이미지는 '구두'의 이미지로 사물화된다. 사람이 가는 것이 아니라, "구두 한 켤레가 간다"라고 표현할 때, 구두는 인간의 환유라기보다는, '의물화'된 인간 자체이다. 그 구두로서의 인간은 명동 거리의 소비자-산책자로서 구두의 브랜드 이미지를 파노라마적으로 소비한다. 여기서 '길'의 이미지는 다시 한 번의 의미론적 굴절을 보여준다. "점점의 길을 끊으며", "기울며 나란하지 않게"와 같은 구두의 보행에 관한 묘사들은 '구두'와

12 오규원, 「明洞 4」, 『오규원 시전집 2』(문학과지성사, 2002), 45쪽.

'길'의 관계, 혹은 '길'에 대한 '구두'의 태도를 감각적으로 드러낸다. 명동의 거리는 상품 브랜드의 거대한 스펙터클을 보여주는 공간이다. 그 공간에서의 '구두의 길'은 브랜드의 숲 속을 기웃거리면서 '점점의 길을 끊으며' '나란하지 않게' 펼쳐진다. 이 시의 두 번째 연은 앞의 연과는 다른 맥락을 드러낸다. '사랑', '길', '섬의 심장', '말보다 먼저 지어놓은 절'은 '관념'과 '말'에 우선하는 원초적인 "외로운 육체"의 표상들이다. 이 지점에서 '길'은 언어 이전의 사랑, 언어 이전의 육체의 감각과 만난다. 명동이라는 브랜드의 스펙터클이 만들어내는 '길'은 이제 광고 언어 탄생 이전의 원초적인 '길'의 육체성으로 환원된다.

4. 거리의 사건과 감각의 모험

오규원의 도시공간에 대한 탐사가 보여주는 가장 극적인 부분은, 도시의 이미지들을 병렬적으로 나열함으로써 즉물적인 미학을 구축하는 것에 머물지 않고, 도시공간에서의 '사건'을 드러내는 시적 장면이다. 도시공간의 사건성은 단일하고 평면적인 프레임으로 구성된 풍경의 바깥에 있다. 시에서 사건성이란 풍경의 바깥에 있는 존재의 가능성까지를 포함한다. 사건으로서의 시는 풍경의 프레임에 갇혀 있지 않은 잠재적인 시간의 가능성을 개방한다. 실체에 대한 이미지를 구축하는 것이 아니라, 그것의 움직임을 의미화한다. 명사나 형용사가 아닌, 동사적인 맥락에서 존재의 사건성을 드러냄으로써, 시간 속의 존재가 다른 시간-공간으로, 다른 삶의 가능성으로 열리는 순간을 징후화한다.

안에서나 밖에서나 투명한 유리창 모두는

처음부터 하늘이 아니었으니
너는 무엇이었겠는가 내가 가며 닦는 이 길
좌의 테라스, 우의 청솔밭
우의 페페, 좌의 모모 사이로 난 길
후문이라 난 길도 사람들은
길이라 즐겁게 걷지 않느냐

피자 전문점으로 가는 길이냐
말구유 냄새가 나는 집으로 가는 길이냐
가는 곳이 오늘의 길이냐
묻지도 않고
느닷없이 이곳에 몰켜온 노랑나비 한 떼
내 머리 위로 왁자지껄 왔으니

낮달에 뿔을 걸고
본 적도 없는 거대한 코뿔소
한 마리가 저쪽에서 곧 오리니[13]

'길'이 가진 이중적인 혹은 역설적인 의미는 위의 시에서 또 한 번의 이미지의 모험을 보여준다. 1연에서의 '길'은 두 가지 문맥에 위치한다. "내가 가며 닦는 이 길"이라는 실존적 문맥의 길이 있다면, "우의 페페, 좌의 모모 사이로 난 길"이라는 명동 거리의 브랜드의 이미지들이 만드는 물신의 길이 있다. 그 길들은 그러나 "투명한 유리창 모두는/ 처음부터

13 오규원, 「明洞 2」, 『오규원 시전집 2』(문학과지성사, 2002), 43쪽.

하늘이 아니었"던 것처럼, 간접적으로 표상화된 길이다. "피자 전문점으로 가는 길이냐/ 말구유 냄새가 나는 집으로 가는 길이냐"는 질문과 선택의 문제는 사실 길에 대한 간접화된 질문의 방식이다. 비유적 관념으로서의 삶의 길과 브랜드 이미지들 사이의 길은 모두 길의 직접적 육체성을 드러내는 것은 아니다. 이런 길의 공간에 '느닷없이' '노랑나비 한 떼'가 들이닥치는 사건은 이 길이 가진 상징적 위계를 일거에 깨뜨린다. 급기야 마지막 연에서 "낮달에 뿔을 걸고/ 본 적도 없는 거대한 코뿔소/ 한 마리가 저쪽에서 곧 오리니"라는 예언적인 선언이 등장한다. '나비 떼'와 '코뿔소'의 등장은 명동 거리의 길에서는 '느닷없는' 사건이다. 그 느닷없음 때문에, 명동 거리의 길의 일상성의 질서는 교란된다. 익숙한 명동의 거리는 다른 공간으로 변환된다.

감동할 시간도 주지 않고 한 사내가
간다 감동할 시간도 주지 않고
뒷머리를 질끈 동여맨 여자의 모가지 하나가
여러 사내 어깨 사이에 끼인다
급히 여자가 자기의 모가지를 남의 몸에
붙인다 두 발짝 가더니 다시
사람들을 비키며 제자리에 붙인다
감동할 시간도 주지 않고 한 여자의
핸드백과 한 여자의 아랫도리 사이
하얀 성모 마리아의 가슴에
주전자가 올라붙는다 마리아의 한쪽 가슴에서
물이 줄줄 흐른다 놀란 여자 하나
그 자리에 멈춘다 아스팔트가 꿈틀한다

꾹꾹 아스팔트를 제압하며 승용차가
간다 또 한 대 두 대의 트럭이
이런 사내와 저런 여자들을 썩썩 뭉개며
간다 사내와 여자들이 뭉개지며 감동할
시간을 주지 않고
나는 시간을 따로 잘라내어 만든다[14]

오규원의 '거리'의 도상학은 주로 공간적인 이미지의 구상성으로부터 즉물적인 감각으로 환원되는 경향이 있다. 그런데 도시공간의 이미지에 대한 탐구는 도시적 시간에 대한 시적 응시라는 또 다른 차원을 내재한 것이다. 도시적 이미지와 공간의 특이성은 도시적 시간성의 감각과 연관되어 있기 때문이다. 그런 맥락에서 오규원의 후기 시에서 발견되는 위와 같은 '거리의 시간'에 대한 시적 재구성은 오규원 시의 도시에 대한 탐색의 한 절정에 해당한다고 볼 수 있다. 이 시에서 묘사하는 거리의 인물과 행위는 기본적으로 환유적인 구조 속에 위치한다. 이 시에 등장하는 사물 혹은 인물의 행위가 어떤 특정한 원관념을 비유하는 보조관념으로서의 선택적 원리에 동원된 것이 아니라, 그 이미지와 행위의 결합과 연쇄가 만들어내는 시간성의 이미지가 이 시의 중요한 요소이다.

인물들의 육체적 조각들은 서로 끼어들고 붙여지면서 뒤섞인다. 이 신체적 사건들의 연쇄는 급기야 "한 대 두 대의 트럭이/ 이런 사내들과 저런 여자애들을 썩썩 뭉개며/ 간다"라는 극단적 장면에 이른다. 이 장면들의 숨 가쁜 연쇄는 "감동할 시간을 주지 않고"라는 반복되는 표현처럼, 그 장면에 대한 시간적 거리감을 앗아간다. 거리의 폭력적인 속도는 장면

14 오규원, 「거리의 시간」, 『오규원 시전집 2』(문학과지성사, 2002), 165쪽.

과 사건에 대한 '감동'의 시간을 허락하지 않는다. 시는 거리의 신체들이 뒤섞이고 뭉개지는 그로테스크한 장면들을 통해 감각의 유물론적 충격을 경험하게 한다. 이 신체적 사건들은 어떤 관념과 인간적 관점도 개입하지 못하는 순수한 신체적 사건의 장면들을 감각하게 만든다. 그런데 '감동할 시간을 주지 않고'라는 일종의 '논평'적 진술은 이 장면의 시간성을 성찰하게 한다. 그 성찰은 "나는 시간을 따로 잘라내어 만든다"라는 이 시의 마지막 진술이 드러내는 바와 같이, 거리에서의 신체적 사건들을 재구성하는 시적 주체의 시선을 드러낸다. 이 시선은 거리의 시간들에 인간적 관점과 서사적 인과성을 부여하는 시선이 아니다. 이 시선은 거리의 신체적 사건들을 유물론적으로 감각하면서, 그 틈에서 다른 시간을 생성한다. '시간을 만드는' 시적 주체는 시간을 풍경화하는 주체가 아니라, 시간을 사건화하고, 그 시간들 틈에서 다른 유물론적 시간을 재구성하는 주체이다. 그러니까 "감동할 시간을 주지 않"는 것이 도시적 속도의 폭력이라면, 시적 주체는 거기서 정서적 감동을 찾아 나서기보다는, 그 감동 없음의 시간을 '잘라내어' 재배치함으로써 그 시간의 감각을 '날것'으로 경험하게 한다.

오규원이 탈관념의 시학을 밀고 나가는 과정에서 중요한 시적 방법론의 문제로 떠오르는 것은 사물에 대한 즉물적인 감각을 발견하는 것이었다. 그는 도시공간의 이미지 속에서 언어와 감각의 생성을 보여주었다. 그에게 있어 도시의 이미지는 새로운 감각과 언어를 발견하는 '현상 읽기'로서의 의미를 가졌기 때문이다. 그의 시는 도시의 이미지들의 자립성을 보존하고 광고 언어의 감각을 비판적으로 재구성했으며, 도시의 시간성에 대한 새로운 감각에 이르렀다. 이를 통해 도시의 물신성(物神性)에 대응하는 시적 언어의 자율성을 추구했다.

오규원의 도시의 이미지들은 특정한 관념을 대변하는 보조관념으로서가 아니라, 도시적 시간과 공간의 투명성을 보여주는 장면의 구성물들이다. 그 장면으로부터 특정한 관념을 구현하려는 시적 자아의 주체성 혹은 주관성이 최대한 절제되고, 도시의 존재들이 비인칭적인 자율성을 갖는다. 도시공간 속에 사물들의 '있음'을 드러내면서, 그 사물들을 호명하는 시선을 탈관념화시킨다. 오규원의 도시는 이미지의 구성 이외에 관념성을 배제하는 투명성의 도상학에 이른다. 이것은 도시적 경험과 감각이라는 사회적 연관성 속에 기반을 두는 투명성의 도상학이다.

오규원의 미학은 다른 한편으로는 도시의 '길'로 표상되는 제도적 힘에 대한 비판적 관심을 심화시키며, 여기에서 오규원 특유의 '길'의 정치학이 발생한다. 이 지점에서 오규원의 도상학은 사회적 차원을 갖게 된다. 오규원의 도시적 공간에 대한 탐사가 보여주는 가장 극적인 부분은 도시공간에서의 '사건'을 드러내는 것이다. 도시의 사건에서 존재가 시간 속에 내재해 있다는 감각은, 거리의 신체적 사건들을 유물론적으로 감각하면서, 그 틈에서 다른 시간을 생성하게 한다. '시간을 만드는' 시적 주체는 시간을 풍경화하는 주체가 아니라, 시간을 사건화하고, 그 시간들 틈에서 다른 원초적인 시간을 재구성하는 주체이다. 이 시선은 거리의 신체적 사건들을 유물론적으로 감각하면서, 그 틈에서 다른 시간을 생성한다. 감동할 시간을 주지 않는 도시적 속도의 폭력에 대해, 그 감동 없음의 시간을 '잘라내어' 재배치함으로써 그 시간의 감각을 '날것'으로 경험하게 한다.

오규원의 도상학은 좁은 의미의 도상학이 아니라, 의미 없는 사물들의 개별적인 존재감을 즉물적으로 환기시킴으로써 도시의 이미지를 재구성하는 방식으로 구성된다. 오규원의 도상학은 도시적 경험과 감각이라는 사회적 연관성에 기반을 두는 투명성의 도상학이다. 그것은 도시의 시각적 재구성으로서의 도상학이지만, 도시에 대한 관념적 해석학을 의미하는 것은 아니라는 측면에서 전통적인 도상학을 벗어난다. 궁극적으로 그것은 도시 이미지의 도상학을 구성하고 그것을 다시 해체하는 시적 모험을 의미하는 것이었다. 그의 시는 도시 이미지의 도상학으로부터 그 관념성을 제거하여 그것을 유물론적 미학으로 재구성하고, 그 재구성하는 시선을 통해 도시에 대한 다른 감각의 차원을 열게 한다. 이를 도시에 대한 시적 감각의 발명이라고 부를 수 있으며, 도시적 모더니티에 대한 비판적 탐구로서의 미적 모더니티를 보여준 것으로 평가할 수 있다. 그것은 도시를 둘러싼 감각적 분화를 도상학적으로 재구성함으로써, 도시 언어의 시적 정치성을 드러낸다. 한국 현대시의 현대성의 문제가 언어의 문제와 사회문화적인 문제에 모두 관계되어 있다고 한다면, 오규원의 작업은 이 두 가지 국면을 동시에 문제 삼았다는 측면에서 의미 있는 사례를 보여준다.

제7장

장정일 · 유하와 도시의 관음자

1. 현대시의 시선과 관음증

시 안에서 이미지를 구성하는 것은 누구의 '눈'인가? 현대시의 주인공은 관념이 아니라 이미지이다. 시가 '보는' 시 혹은 '보이는 시'로서 존재한다는 것은 현대시의 위상에 관한 익숙한 일반론이다. 이것은 현대 세계에서의 시각적인 지각이 갖는 특권적인 지위와 상관된다. 그런데 현대시에 대한 이런 규정은 이미지의 내용과 장면 혹은 그것의 의미론에만 주의를 집중할 뿐, 그 이미지를 구성하는 '시선'(regard)의 체계에 대한 질문은 누락되어 있다. 어떤 이미지도 순수하게 객관적이거나 자연발생적인 것이 아니라, 그것을 구성하는 특정한 시각적 관심의 결과물이다. 이미지는 객관적인 진리의 대체물이 아니라 '누군가'의 '시선의 각도'에서 구축된 것이다. 이미지는 특정한 것은 보고 특정한 것은 보지 않는 시선 혹은 시선들의 체계의 소산이다. 이때 시선의 주체는 볼 수 있는 것과 볼 수 없는 것을 나누는 특권을 가진다는 측면에서 '권력'의 자리에 위치한다. 물론 그 뒤에는 그것을 가능하게 하는 사회적 조건이 있다. 문제는 이미지의 소비자인 관객 혹은 독자는 그 이미지를 구성한 주체의 시점과 자신의 시점을 동일시하게 됨으로써 그 '프레임'과 배치의 메커니즘에 종속된다는 것이다. 따라서 시선의 시학은 가시적인 것과 비가시적인 것을 구분하는 '프레임' 혹은 전시 방식의 체계와 그 안에 작동하는 권력과 그 사회 · 역사적 관계를 분석하는 시선의 정치학을 요구하게 된다.

그런데 시선은 단지 주체의 의식 작용이라는 차원에서만 다루어지는 것이 아니다. 주체의 지향성을 고스란히 담고 있는 '주체의 응시'라는 개념은 비판적으로 검토될 수 있다. 응시(gaze)는 단지 의식의 차원에서 성립되는 것이 아니라, 무의식의 층위에서 작용한다. 라캉 식으로 말하면 무의식의 층위에서 작용하는 '보여짐' 혹은 '응시'는 그런 맥락에서 의식의 눈이 보는 시각과 구별되며, 또한 '분열'된다. 주체는 보는 자인 동시에 보여지는 자이며, 본다는 것은 무의식적으로 타자의 응시를 욕망한다는 것이다. 응시는 주체와 사물과의 관계에서 재현과 시선에 의해 빠지고 숨겨진 빈곳을 의미한다. 사물과의 관계가 시각을 통해 이루어지고 재현이 여러 형태들로 배열될 때, 무언가는 빠져나가고, 사라지고, 단계별로 전달되고, 숨겨져 드러나지 않는다. 이것이 바로 응시이다.[1] 인간과 이미지의 관계는 단순히 의식적인 시선에 의한 요구와의 일대일의 차원으로 설명되는 것이 아니다.

시의 이미지는 단지 단일하고 의식적인 주체의 욕망에 의해 만들어지지는 않는다. 시의 이미지를 구성하는 드러난 시선 못지않게 그 함축적 시선 혹은 타자의 시선이 갖는 복합적인 의미에 관한 분석이 요구된다. 텍스트 속에 등장하는 이미지를 구성하는 것은 주체의 시선과 타자들의 응시와의 복잡하고 모순된 관계이며, 그것은 보다 정밀한 차원의 시선과

1 자크 라캉, 민승기 외 역, 『욕망이론』(문예출판사, 1994), 186~202쪽 참조.

응시의 정치학을 다시 요구한다. 이 시선과 응시의 문제가 더욱 두드러지게 부각되는 영역은 성적인 모티브가 등장하는 시들에서이다. 여기에서 문제화하려 하는 것은, 시에서의 에로티시즘 일반의 문제가 아니라, 시선의 시학과 특화된 에로티시즘의 영역으로서의 '관음증'의 모더니티와 섹슈얼리티에 관한 것이다.

여성주의 문화이론들은 이 문제와 관련하여 응시의 문제를 '남성 응시'(Male Gaze)의 정치학에 적용한다. 이런 논의들은 라캉의 응시 개념을 상대적으로 단순화시킨 것으로 보이지만, 그 응시의 섹슈얼리티와 정치성을 부각시켰다는 점에서 의미가 있다. 가부장제 사회에서 여성은 남성 관객, 혹은 남성 관음자의 시선의 대상인 '성적 스펙터클'로서 존재해왔다. 남성만이 시선의 담지자이고 '시각 양식'을 구성하는 특권을 점하고 있다. 여성의 이미지는 남성의 타자로서 남성의 욕망을 구현하거나 남성의 결핍된 존재로서 만들어진다는 것이다. 남성의 시선은 거리를 두고 관찰하며 쾌락을 취하는 관음증으로 특징지어지며, 여성의 시선은 갇혀진 채로 이미지와 동일시하거나 이미지의 반사 속에서 쾌락을 발견하는 나르시스적인 것이 된다. 남성 관음자는 자신이 본 것에 대한 의미를 자신이 결정할 수 있는 통제권을 가진다. 몰래 대상을 볼 수 있는 힘 자체가 쾌락이 되는 것이다. 미디어에서 여성은 남성 욕망을 위한 시각적인 소비의 대상이며, 여성들은 대상화된 자신의 이미지를 소비하는 모호한 자리에 놓인다. 영화에서 카메라의 눈은 바로 남성 관음자의 눈이며, 관객은 그 눈과 자신을 동일시한다. 물론 이러한 상황으로부터 탈주하는 '여성적 응시'의 가능성이 이론적 · 현실적으로 완전히 봉쇄되어 있는 것은 아니다.[2]

---

2 수잔나 D. 월터스, 김현미 외 역, 『이미지와 현실 사이의 여성들』(또 하나의 문화, 1999); 아네트 쿤, 이형식 역, 『이미지의 힘: 영상과 섹슈얼리티』(동문선, 2001) 참조.

시선과 응시에 관한 이런 논의들을 통해 현대시에서의 시선의 문제로 돌아가 보자. 시선의 시학과 관음증의 정치학이라는 입장에서 한국의 현대시를 다시 읽는다면 어떤 새로운 '읽기'가 가능할까? 그것은 한국문학의 주류적인 시들을 지탱해온 미학적 가치를 그 근저에서 다시 성찰해야 할 요구와 만난다. 분명한 것은 이러한 시선과 관음증의 문제를 둘러싼 비평적 논의가, 한국 현대시의 모더니티와 그 정치성을 새로운 차원에서 해석할 수 있는 가능성을 열어놓는다는 점이다. 이제 이런 문제의식과 관련하여 장정일과 유하의 텍스트를 주목해보자.

2. 훔쳐보는 산책자

80년대 후반에서 90년대로 이어지는 도시적 일상성의 탐구에 있어, 의미 있는 시적 성취를 이룬 시인으로 장정일과 유하를 거론할 수 있다. 이들의 시에서 도시는 매혹과 환멸, 관능과 죽음이 뒤섞인 공간이다. 흥미로운 것은 그 도시의 이미지를 보는 화자의 시선이다. 장정일과 유하의 시에는 도시공간의 스펙터클과 관능을 경험하는 시적 화자가 등장한다. 이 '도시 산책자'의 등장은 이미 보들레르와 박태원의 소설 등에서 충분히 그 의미가 분석된 바 있다. 급격한 도시화와 함께 등장한 익명적인 군중은 그 근대적 제도와 물질적 편리에 안주하면서 기계적으로 걸어 다니는 자기소외적인 존재이다. 이에 비해 반성적인 사고가 가능한 룸펜 지식인인 산책자는, 생활에 얽매이지 않고 도시공간을 무목적으로 배회함으로써 대중의 모순과 소외를 비판적으로 성찰할 수 있다.

장정일과 유하 시의 시적 화자 역시 도시의 일반적인 생활인이 아니거나, 혹은 생활의 궤도를 문득 이탈한 자이다. 그는 도시적 공간 속에서 그 도시적 이미지들을 훔쳐보는 자이다. 그는 그 도시 속의 건설적인 생산자가 아니며, 그 일상적 시간의 바깥에서 소요하는 도시 이미지의 소비자이다. 이들 산책자는 도시의 관능을 탐닉하고 거기에 매혹되는 '훔쳐보는 산책자'이다. 훔쳐보는 산책자의 시선이란 무엇인가?

> 바람부는 날이면, 압구정동에 가야한다 사과맛 버찌맛
> 온갖 야리꾸리한 맛, 무쓰 스프레이 웰라폼 향기 흩날리는 거리
> 웬디스의 소녀들, 부띠끄의 여인들, 까페 상류사회의 문을 나서는
> 구찌 핸드백을 든 다찌들 오예, 바람불면 전면적으로 드러나는
> 저 흐벅진 허벅지들이여 시들지 않는 번뇌의 꽃들이여
> 하얀 다리들의 숲을 지나며 나는, 끝없이 이어진 내 번뇌의 구름다리를
> 출렁출렁 바라본다 이 거추장스러운 관능의 육신과 마음에 연결된
> 동앗줄 같은 다리를 끊는 한 소식 얻기 위하여, 바람부는 날이면
> 한양쇼핑센타 현대백화점 네거리에 떡하니 결가부좌 틀고 앉아
> 온갖 심혜진 최진실 강수지 같은 황홀한 종아리를 뚫어져라 바라보며
> 不淨觀이라고 해야 하리 옛날 부처가 수행하는 제자에게 며칠을 바라보라 던져준
> 구더기 끓는 절세미녀의 시체, 바람부는 날이면 펄럭이는 스커트 밑의
> 온갖 아름다움을, 심호흡 한번하고, 부정해보리 내 눈은 렌트겐처럼 번쩍 (유하, 「바람부는 날이면 압구정동에 가야 한다 6」, 일부)

유하는 압구정동이라는 풍요하고 관능적인 도시적 스펙터클의 매혹을 드러낸다. 압구정동 스펙터클을 이루는 것은 소비사회의 물질적 기호들이지만, 그 핵심에는 "흐벅진 허벅지들"이 자리 잡는다. 매혹당하는 시선의 중심에 그 거리의 '허벅지들'과 "황홀한 종아리", "스커트 밑의 온갖

아름다움"이 부각된다. 이것은 거리의 관음증이라고 부를 수 있다. 그 시선은 남성 관음자에 의해 대상화된 여성의 파편화된 몸이라는 틀을 벗어나지 않는다. 이때 관음의 대상으로서의 여성의 몸은 '다리'라는 특정한 신체부위로만 물신화되어 있다. 그러나 화자는 그 이미지들에 대한 매혹을 드러내는 데 멈추지 않는다. 화자는 그 매혹을 반성하고 부정할 수 있는 공간을 설정하려 애쓴다. 화자는 그 관능의 이미지들이 결국 "구더기 끓는 절세미녀의 시체"일 뿐이라는 불교적 깨달음을 언급하기도 하며, 어릴 적 "원두막지기 딸" "단발머리 소녀"의 "그 눈부시던 구릿빛 종아리"를 떠올린다.

그러니까 압구정동의 황홀한 다리들은 이 시에서 두 번 부정된다. 육체의 유한성과 욕망의 덧없음이라는 불교적 인식에 의해, 그리고 다른 한번은 순수한 어린 날의 기억 속의 건강한 다리 이미지에 의해. 그 두 번의 부정에 의해 거리의 관음증은 스스로에 대한 반성과 성찰의 공간을 갖는다. 이 시의 함축적 화자는 거리의 관능에 매혹된 자이며, 동시에 그 매혹을 다시 반성하는 자이다. 다른 방식으로 말하면 이 시의 함축적인 시선은 관음자의 시선을 반성하는 또 다른 시선이다. 그러나 관음증에 대한 이런 반성적인 성찰에도 불구하고 여성의 몸을 '유혹'의 기호로 상정하는 거리의 남성 관음자의 시선은 근본적으로 전복되지 않으며, 그 매혹과 반성 사이에서 시는 오히려 어떤 활력을 유지한다.

> 나 대낮에 여우에 홀린 듯이 따라갔네
> 어느덧 그녀의 흰 다리는 버스를 타고 강을 건너
> 공동묘지 같은 변두리 아파트 단지로 들어섰네
> 나 대낮에 꼬리 감춘 여우가 사는 듯한
> 그녀의 어둑한 아파트 구멍으로 따라 들어갔네

그 동네는 바로 내가 사는 동네
바로 내가 사는 아파트!
그녀는 나의 호실 맞은편에 살고 있었고
문을 열고 들어서며 경계하듯 나를 쳐다봤다
나 대낮에 꿈길인 듯 따라갔네
낯선 그녀의 희고 아름다운 다리를 (장정일, 「아파트 묘지」, 일부)

장정일의 위의 시 역시 훔쳐보는 산책자의 면모를 또렷하게 보여준다. 이 시에서도 산책자는 "희고 아름다운 다리"로 특화되는 거리의 관능에 매혹된다. 역시 남성 관음자는 여성의 물신화된 이미지에 매혹된다. 시인은 그 도시적 관능의 스펙터클 위에 신화적이고 설화적인 모티브를 개입시킨다. 여우에 홀려 그 집으로 따라가는 남자라는 설정은 그 낯익은 전설적인 내러티브를 도시공간 위에 펼쳐놓는다. 그리하여 도시적 공간 자체를 몽환적이고도 설화적인 차원으로 옮겨놓는다. 도시의 대낮이라는 시간은 그래서 "꿈길 인 듯"한 어두운 전설적 공간으로 전이된다. 그것은 '내'가 "사무실로 돌아갈 일도 모두 잊은 채" '그녀-여우'를 따라가게 되는 마법적인 영역이 된다. "붉고 푸른 불이 날름거리는 횡단보도와/ 하늘에 오를 듯한 육교를 건너"라는 묘사는 도시의 거리를 신화적인 모험의 공간으로 변화시킨다.

그런데 이 시는 마지막에 가서 결정적인 반전을 선사한다. '그녀-여우'에게 홀려 따라간 곳이 바로 자신이 살고 있는 변두리 아파트의 어둑한 '구멍'이라는 것. 여기서 관음증의 시선은 유하와는 다른 방식으로 관음증의 아이러니를 구현한다. '~네'의 서정적 어투 사이에서 유일하게 예외적인 산문적인 문장으로 등장하는, "문을 열고 들어서며 경계하듯 나를 쳐다봤다"라는 묘사는 설화적 공간으로부터 현실로 돌아오는 환멸의 순간을 보여준다. 그러나 이 환멸의 순간이 관음자가 거리에서 경험한 여성-몸 이미지의 매혹을 전면적으로 무화시키는 것은 아니다.

3. 영상 미디어와 관음증

동굴 밖의 눈부신 빛처럼
영화는 시작되었어요
눈 푸른 여주인공은 에로스의 화신
그녀는 내게 극장의 우상이었지요
나는 그녀의 매혹적인 몸을
그 몸의 구체성을 탐닉하고 싶어
스크린을 향해 걸어가기 시작했지요
그러나 가도 가도 극장의 어둠은
끝이 없었어요 (유하, 「화신극장 옛터를 지나다」, 일부)

후미진 다락방마다 돌아가던 8미리 에로티카 문화 영화
포르노의 세상이 내 사랑을 잠식했다
여선생의 스커트 밑을 집요하게 비추던 손거울과
은하여관 2층 창문에 매달려 내면의 음란을 훔쳐보던
거울의 포로인 나, 오 그녀는 나의 똥구멍
가끔은 서양판 변강쇠 존 홈스가
나의 귀두에 다마를 박으라고 권했다
금발 여배우의 매혹이 부풀린 영화감독이라는 욕망,
진실은 없었다, 오직 후끼된 진실만이 눈앞에 어른거렸을 뿐 (유하, 「세운상가

키드의 사랑 2」, 일부)

유하에게 관음증의 중심 무대는 스크린이다. 영화라는 매체 자체를 관음증적인 시선의 장소로 분석하는 측면에서, 그것은 남성 관음자의 시각적 쾌락이 집중되는 장소이다. 카메라 렌즈는 관음적 시선의 기계화를 실현한 것이라고 볼 수 있다. 카메라는 그것으로 대상을 찍은 사람의 시선과 그 촬영의 결과물인 영상 이미지를 보는 관객의 시선을 기계적으로 일치시킨다. 영상 이미지를 보는 '나'의 초점과 카메라의 초점이 동일시가 이루어지는 것이다. 이 동일시는 카메라의 시선이 대상에 대해 가지는 통제력과 특권적 시점 자체를 '나'의 그것으로 여기게 만드는 지배적 시선 체계의 메커니즘에 의해 가능해진다. 영화는 이런 카메라 렌즈의 의해 주체화된 동일시의 효과를 이용한다. 영화관의 공간은 위의 시의 비유처럼 일종의 '동굴'로서 스크린 이외에는 사방을 어둠으로 뒤덮어 다른 것을 볼 수 없게 만드는 곳이며, 이 독점적인 시선의 배치 때문에 현실보다 압도적인 시각적 흡인력을 갖는다. 포르노는 그 카메라의 시선의 독점적인 사용을 극대화시킨 장르이며, 그 프레임이 집요하게 보여주는 육체의 일부 이외에는 어떤 시선의 틈새도 용인하지 않는다. 포르노는 육체의 특정 부분을 강조함으로써 여성 육체는 프레임에 의해 파편화되고 단절된다.

유하의 시는 그 카메라가 부여하는 매혹적인 영상 이미지에 대한 매혹을 거침없이 고백한다. 그런데 화자는 그 매혹의 공간을 결국 환멸이 뒤섞인 서정적인 추억의 자리로 설정한다. 서정적인 성찰의 거리 때문에 관음증의 포로였던 자신에 대한 반성적인 자리가 확보된다. 그 성찰은 스크린 위의 성적인 스펙터클이 결국 진실이 아니라 "후끼된 진실"이라는 것을 깨닫는 과정이기도 하다. '욕망의 거울'인 이미지는 끊임없이 욕망의 시선을 복제하지만, '욕망의 허기'는 끝내 채워질 수 없다. 그래서 그 성적 판타지의 자리는 추억과 환멸이 뒤섞인 자리가 된다.

> 옷을 벗는 요정. 담뱃불 자국이 송송한 소파에
> 비스듬히 눕는 요정. 신비스레 신비스레
> 가라앉는 요정. 뜨거운 입술로
> 이리 오세요 예쁜 아기, 속살거리는 요정
> 환영이 들끓는 밤 열두 시, 이윽고 샴푸의 요정은
> 그의 머리를 끌어당겨
> 냄새를 맡아 본다. 제가 권한 것을 쓰셨겠지요
> 물론 그리하셨겠지요? (장정일, 「샴푸의 요정」, 일부)

장정일의 이 시에 등장하는 것은 영화적인 이미지가 아니라 텔레비전 광고의 이미지이다. 텔레비전은 영화적 이미지가 소비되는 공간과는 다르다. 가족들의 산만한 생활공간에 둘러싸인 작은 화면에서 분출되는 이미지는, 그 집중력이라는 측면에서 영화보다 미약할 수 있다. 그러나 그 반복성과 일상공간으로의 침투력은 새로운 영상매체로서의 가공할 영향력을 보여준다. 보다 흥미로운 것은 텔레비전은 '남성적인 응시'와 관음증적인 시선으로만 설명되지 않는다는 것이다. 오히려 텔레비전은 '스스로 시선을 가지고' '일상의 파노라마를 바라보는 시선'과 공모한다.

장정일의 시에 등장하는 남자는 그 텔레비전의 광고 이미지에 중독된 자이다. 광고는 그 반복성과 무차별성이라는 측면 때문에, '중독성'의 효과를 발휘한다. 남자는 그 '샴푸의 요정'과의 로맨스에 중독된다. 장정일은 이 미디어에 중독된 남자의 이야기에 '요정'이라는 동화적인 판타지를 대입한다. 이때 남자는 시선의 주체로서의 관음자라기보다는 텔레비전의 시선에 포로가 된 수동적인 존재이다. 여기에 등장하는 여성적인 이미지는 단지 관음증의 대상이 아니다. 그녀는 자신을 보는 관람자와의 로맨스를 가질 수 있음을 적극적으로 암시함으로써, 그 관람자를 자신의 시선 안에 끌어들인다. 그런데 삼인칭으로 이 상황을 보여주는 함축적 화자의 시선은? 시의 마지막 부분은 그 사내가 "꿈에서 깨어나" 타자를 두드리는 장면이다. 사내는 "굴지의 미용주식회사가 있다./ 그리고 현존하는 유일한 요정은/ 샴푸요정이다"라는 문장을 타자기로 친다. 그렇다면 이 시는 함축적 화자가 '샴푸의 요정'에 중독된 자신의 꿈을 기술한 자기반영적인 메타 시가 된다. 여기서 '타자기'란 그 판타지로부터의 깨어난 자의 자기반영적인 글쓰기를 상징한다.

4. 관음증에 대한 관음증

> 나는 본다. 매일 방안에서 벌레처럼 꼬물거리는
> 남자와, 하루에도 수차례 발을 씻어야
> 마음이 놓이는 여자를 나는 나, 실크 커튼을 통해
> 보고 있다. 나는 그 여자가 발을 씻을 때마다
> 나, 실크 커튼을 통해 그녀의 모습을 훔쳐보며
> 수음에 열중하는 남자를 보고, 그 남자가
> 모래 흩어지는 소리를 내며 쓰러지는 것을 본다.
> 그래, 그는 정말 모래성같이 풀썩
> 쓰러졌다. 단 한 번의 가래침으로 만들어진 우리들.
> 계속해서 나는 본다. 그녀가 마른수건으로 손과 발을 닦고
> 흘낏, 골방 쪽의 창문을 바라보는 것을, 그러나
> 그녀는 나, 실크 커튼 뒤에 있는 나를 보지 못한다. (장정일, 「실크 커튼」,

일부)

장정일의 「실크 커튼」은 관음증에 관련된 가장 복합적인 텍스트의 하나로 평가될 수 있다. 이 시에서는 "조그만 창이 나 있는 골방 속에 들어 있는 남자"가 "씻기 위해 사는 것 같은" 여자를 훔쳐보는 상황이 설정되어 있다. 이것은 아주 일반적인 관음증의 상황이다. 문제는 그 상황을 지켜보는 또 다른 시선인 '나, 실크 커튼'이다. '나, 실크 커튼'은 그 외로운 남자가 여자를 훔쳐보며 수음하는 것을 지켜보며, 또한 그 외로운 여자가 그 남자의 시선을 눈치 채고 있으면서 "그의 욕정을 유발시키고 있는 중이고, 강간당하기를 바라는 것"이라는 것을 알고 있다. 그녀를 "그 남자가 골방 속에서 뛰쳐나와/ 그녀를 비누 묻은 채 거칠게 수돗가에 쓰러뜨리기를/ 원하고 있는" 존재로 묘사하고, "처녀들의 결벽증은 그녀들의 욕망과 비례하는 듯이 보인다"고 단언하는 화자의 시선은 여성을 성적 존재로만 대상화하는 남성 판타지의 전형성을 보여준다.

그런데 '나, 실크 커튼'이라는 존재는 여기서 무엇인가? 일단 '실크 커튼'이라는 물질적 존재를 의인화한 설정이라고 생각할 수 있다. '나, 실크 커튼'은 남자의 골방의 작은 창에 달려 있는 물건이다. 그러나 후반부에 가면 '나, 실크 커튼'의 존재는 다시 모호해진다. "그녀는 나, 실크 커튼 뒤에 있는 나를 보지 못한다"라는 문장에서 드러나는 것처럼, 이제는 그 실크 커튼 뒤에 숨어 있는 제3의 존재가 등장한다. 남자는 "나, 실크 커튼 앞에 서서" 그녀를 훔쳐보며, '나'는 "나, 실크 커튼 뒤에"서 두 사람을 동시에 훔쳐본다. 그러니까 여기서 '나'의 시선은 관음증에 대한 관음증의 시선이다. 그것을 메타적 관음증의 시선이라고 볼 수 있다면, 그 시선은 관음증의 상황 자체를 관음증의 대상으로 삼는다.

장정일과 유하 이후, 관음증을 넘어서는 어떤 시적 응시의 가능성을 생각해볼 수 있게 되었다. 그것은 적어도 두 가지 방향에서 미학적 가능성을 품고 있는 듯이 보인다. 우선 하나는 근대적인 투시법에 대한 교란과 해체이다. 근대적인 시선 체제의 중심에 놓여 있는 투시법 혹은 원근법은 회화와 시각적 예술양식에 지대한 영향을 미쳤다. 시각적 주체의 한 중심점을 상정하는 원근법의 구조와 합리성의 주체 구성과는 밀접하게 관련된다.[3] 근대적 시선의 체계가 특권화된 중심점의 시점에서 주체화를 실현하는 것이라면, 현대시는 그런 근대적 투시법과 원근법적 시선체계의 변동과 관련된다.

이와 연관해서 생각할 수 있는 것은 우선 주체의 특권화된 시선 사이의 균열과 분열을 드러내는 작업을 극단적으로 밀고 가는 것이다. 이 작업은 주체화하는 시선의 체계와 그 동일시 메커니즘을 교란시킴으로써 그 틈새에서 새로운 이미지가 생성될 수 있는 가능성을 탐구하는 작업이다. 탈인간적인 관점 혹은 분열증적인 응시를 실현하고 있는 시들에서 이것은 다양하게 실험될 수 있다. 넓은 의미에서 이것은 근대의 투시법적 시선체계 전체를 교란하는 문학적 모험을 의미한다. 두 번째는 남성 주체의 시선과 대상화된 여성의 몸이라는 관음증의 메커니즘을 전복할 수 있는 새로운 '여성적 응시'의 미학을 펼쳐 보이는 작업이다. 여성의 몸이 남성 관음자에 의해 물신화된 대상이 아니라, 새로운 응시의 열린 주체가 될 수 있는 가능성은 열려 있다. 이런 시선의 특권화 주체화에 대한 비판적 성찰 혹은 '성찰적 관음'의 과정 속에서, 현대시는 시선의 시학을 넘어서는 '탈시선의 모험'을 밀고 나갈 것이다.

3 이와 연관해서는 주은우, 『시각과 현대성』(한나래, 2003) 참조.

제8장

기형도와 거리의 시간

1. 기형도라는 신화

기형도라는 신화가 있다. 기형도라는 이름은 80년대 이후 한국문학의 뜨거운 신화의 하나이다. 신화는 끊임없이 다시 쓰여진다. 기형도가 지속적으로 다시 읽혀지는 것은 그 신화의 부정할 수 없는 생명력을 말해준다. 그 신화에는 두 가지 층위가 있다. 첫 시집이 나오기 전에 도심의 심야극장에서 갑작스러운 죽음을 맞이한 시인의 개인적 신화가 하나라면, 두 번째는 그의 개인적 신화를 문화적 사건으로 만들어버린 문학대중들의 지속적인 열광에 있다. 기형도의 시는 텍스트 자체에 대한 당대의 미학적 평가 이상의 문화적 상징성을 획득한다. 그 신화들을 걷어내고 기형도라는 텍스트 '자체'만을 읽는 것은 가능할까? 기형도의 시에 대해 어떤 내재 분석도 사실은 그 신화의 바깥에서 이루어지기 힘들다. 그러면 그의 죽음 이후 20년, 이제, 무엇을 할 수 있을까? 차라리 기형도라는 신화를 역사적 혹은 문화사적인 사건으로 인정하는 것. 그 위에서 그 신화를 재문맥화하는 작업이 가능할 수 있을까? 기형도의 시간과 한국문학과 현대시의 시간을 겹쳐서 읽는 일은, 그래서 의미 있는 작업이 될 수 있다.

기형도라는 개인이 살았던 시간은 1960년에서 1989년 사이이고, 그가 공식적으로 등단하여 활동한 시간은 1985년에서 1989년에 이르는 짧은 시간이다. 이 시간들 사이에서 기형도의 텍스트가 생산되었다. 문학사적인 공간으로 말한다면, 기형도의 시는 1980년대 문학이라는 영역에 속한다. '1980년대 문학'이라는 범주의 객관성이 존재하는 것은 아니지만, 그럼에도 불구하고 1980년대라는 공간을 규정했던 문학담론들의 의미 체계들이 존재한다. 1980년대 문학 공간 위에서 한국 현대시는 그 현대성을 새로운 차원에 진입시키게 된다. 그것은 이른바 4·19세대에 의해 구축된 한국 현대시의 현대성을 근원적으로 재구성하는 작업을 의미했다. 80년대의 시 동인지 중심의 소집단 무크지 운동이 의미하는 것은, 당대의 정치적인 억압이 역설적으로 시 쓰기의 어떤 급진성을 추동하는 상황이었다. 주요 문학 계간지의 폐간으로 상징되는 정규적인 문학적 소통체계의 폐쇄는 강렬한 부정과 해체의 언어가 새로운 세대와 새로운 매체를 통해 뿜어져 나오는 계기가 되었다. 현실의 야만성 뒤에 도사린 억압의 구조를 드러내고 그 완강한 상징 질서를 전복했던 해체의 언어와 정치적 담론으로서의 시적 실천이 터져 나왔다. 기형도의 세대적인 입지는 그 해체의 전사들과의 상호 관련성에서 구축될 수밖에 없는 상황이었다.

흥미롭게도 기형도는 적극적으로 해체의 길을 가지 않았다. 물론 그는 '서정시'의 재래적인 문법에서 출발하지도 않았다. 그가 선택할 수 있는 다른 길은 무엇이었고, 어떻게 가능했는가? 그의 시적 출발은 투명하고 익명적인 도시적 감성의 자리였다. 이를테면 그가 이성복으로 대표되는 선배 시인들의 부정의 시학을 공유했으면서도, 투명하고도 건조한 감성의 자리를 확보할 수 있었던 것,[1] 혹은 '시운동' 동인으로 상징되는 탈현실적인 상상력과도 일정한 거리를 유지하고 있었던 것은,[2] 무엇보다 그의 시가 거리의 시간으로부터 출발하고 있기 때문이었다. 그가 등단하던 1985년 무렵에 쓰였던 시들은 그의 시적 출발점을 시사해준다. '낯섦'의 경험이 반복되는 익명적 감각의 도시야말로 기형도적인 감수성의 발생지이다.

2. 도시 산책자, 시간의 관찰자

그런 날이면 언제나
이상하기도 하지, 나는
어느새 처음 보는 푸른 저녁을 걷고
있는 것이다, 검고 마른 나무들

---

1 기형도의 시에서 발견되는 이성복의 영향은 상당한 것으로 보인다. 이 점에 대해서는 정과리가 이미 지적한 바 있다(「죽음, 혹은 순수 텍스트로서의 시」, 『무덤 속의 마젤란』, 문학과지성사, 1999). 물론 영향 관계 못지않게 차이점을 분석하는 것도 의미 있는 일이다. 정과리에 의하면 "이성복의 이미지들이 있을 수 있는 모든 색채들의 경연장이라면, 기형도의 이미지 공간은 철저히 흑백이다." 왜 그럴까? 기형도는 철저히 거리의 감성으로부터 출발했기 때문이 아닐까? 이밖에, 이성복의 경우는 두 번째 시집 『남해금산』에서 모성적 문맥의 서정성과 조우하게 되지만, 기형도는 그 길을 가지 못한다. 그에게 모성은 아직 유년의 기억의 한 장면(「엄마 걱정」, 「위험한 家系 1969」)에 머물 뿐. 서정적 동력으로 작동하지 않는다. 기형도가 살아 있었다면, 어떤 시적 행로를 밟을지를 짐작하는 일은 쉽지 않다.

2 기형도의 몇 안 되는 비평문 가운데서 하재봉 시집 『안개와 불』에 대한 서평은 흥미롭다(「물에서 태양으로」, 『기형도 전집』, 문학과지성사, 1999). 이 글에서 그는 '시운동'의 시적 세계에 대해 "대항 문학으로서의 도덕주의적 구호 속에서 그들의 상상력은 매우 신선하고 전위적인 모습으로 받아들여졌다"라고 전제하고, "그들이 보여주었던 현란한 수사학과 이미지, 우리 시사에서 찾아보기 힘들었던 상상공간들을 확장해온 열정적인 시정신들이 이 땅의 억압적 상황 때문에 상대적으로 평단으로부터 방치되어왔다는 점을 지적하고 싶다"라고 말한다. 시운동에 대한 그의 이러한 평가는 문학의 미적 자율성에 대한 입장과 관련되어 있지만, 기형도가 시운동의 문법과 미학의 80년대적인 평가절하를 안타까워하면서도 시운동의 미학과 일정한 거리를 두었다는 사실 역시 이해할 필요가 있다.

아래로 제각기 다른 얼굴들을 한
사람들은 무엇엔가 열중하며
걸어오고 있는 것이다, 혹은 좁은 낭하를 지나
이상하기도 하지, 가벼운 구름들같이
서로를 통과해가는

나는 그것을 예감이라 부른다, 모든 움직임은 홀연히 정지
하고, 거리는 일순간 정적에 휩싸이는 것이다 (「어느 푸른 저녁」 일부)

이 시는 기형도적 모티브와 그 이미지의 움직임을 전형적으로 보여준다. '그런 날'은 시적 화자의 특정한 하루의 날이면서 거리에서의 도시적 일상의 무심한 반복을 보여주는 하루이다. 첫 번째 문장에서 '언제나'와 '처음 보는'은 논리적으로 모순된다. '언제나'는 반복되는 시간을 의미하고, '처음 보는'은 일회적인 새로움을 의미하기 때문이다. 기형도의 시간은 이렇게 거리에서 발견한 어떤 특정한 낯선 순간을, 익숙한 것이면서 동시에 일회적인 어떤 순간을 상정한다. 이 반복성과 낯섦의 이중성이 거리의 시간을 규정한다. 어떤 사물에 대해서 화자는 낯섦을 경험하지만, 낯섦 그 자체는 이미 익숙하게 반복되는 사건이다. 그 시간 속을 일인칭 화자가 걷고 있다. 그런데 "제각기 다른 얼굴들을 한/ 사람들은 무엇엔가 열중하며/ 걸어오고 있"다. 반복과 낯섦의 동시성이 주는 감각에 사로잡혀 있는 '나'와는 달리 "사람들은 무엇엔가 열중"한다. 이 '나'와 거리의 '군중' 사이의 거리감은 보들레르 이후 도시적 산책자가 처해 있는 전형적인 상황이다. 거리에서 '나'의 감각의 예민함과 자의식은 "무엇엔가 열중하"는 군중들의 무심한 집중력과 대비된다. '나'는 거리와 군중을 '보는 자'이고, 그들은 '내' 시선의 대상이다. '나'는 시간에 대한 예민한 관

찰자이다. 그들과 '나'는 지금 다른 시간에 머물고 있다. "가벼운 구름들 같이/ 서로를 통과해가는"이라는 비유에서 드러나는 것처럼, 그들 각자 혹은 그들과 '나'는 '서로를 통과해가는' 존재들, 관계가 휘발되어버린 투명성의 존재들이다.

시간에 대한 예민한 관찰자로서의 '나'는 이 반복적인 낯섦의 공간 속에서 어떤 '예감'의 순간을 만난다. "모든 움직임은 홀연히 정지/ 하고, 거리는 일순간 정적에 휩싸이는" 순간이다. 그 순간은 거리의 공간성이 문득 압도적인 익명의 침묵 속에 갇히는 경험이다. "그런 때를 조심해야 한다"라는 진술처럼, 그것은 위험을 감지하는 순간이다. "진공 속에서 진자는/ 곧, 아무 일 없다는 듯이/ 검은 외투를 입은 그 사람들은 다시 저 아래로 태연히 걸어가고 있는 것이다"와 같은 표현 속에서 그 순간을 감지하는 '나'와 '진공 속의 진자'와 같이 태연한 '저 사람들'은 확연히 구분된다. '나'는 그 투명한 진공의 순간을 '보는' 자이다. '나는 그것을 본다'라는 문장만큼이나 공간과 시간에 대한 일인칭 화자의 태도를 명시적으로 압축하고 있는 것은 없다. 그런데 '본다'라는 행위는 시각적인 것일 뿐만 아니라, 직관적인 것이기도 하다. 혹은 모든 육체적 감각에 관계된 것이다. '본다'는 동사는 '예감'이라는 명사와 깊게 관련되어 있다. 그리하여 또 하나의 모순이 탄생한다. "아무리 빠른 예감이라도/ 이미 늦은 것이다 이미/ 그곳에는 아무도 없다." 예감은 어떤 '사태'에 대해 미리 감지하는 것이지만, 그 느낌은 이미 아무도 없는 사후에 일어난다.

곧 유리창을 쏟아버릴 것 같은 검은 건물들 사이를 지나
낮은 소리들을 주고받으며
사람들은 걸어오는 것이다
몇몇은 딱딱해 보이는 모자를 썼다

이상하기도 하지, 가벼운 구름들 같이
서로를 통과해가는
나는 그것을 습관이라 부른다, 또다시 모든 움직임은 홀연히 정지
하고, 거리는 일순간 정적에 휩싸이는 것이다, 그러나
안심하라, 감각이여! 아무 일 없었다는 듯이
검은 외투를 입은 그 사람들은 다시 저 아래로
태연히 걸어가고 있는 것이다
어느 투명한 저녁

아무 일 없었다는 듯이
모든 신비로부터 자신을 보호하기 위하여 (「어느 푸른 저녁」 일부)

어떤 예감도 이미 때늦은 예감이 되어버리는 공간, 그 공간에서 서로를 통과하는 저 투명한 익명성, 익명적 투명함을 화자는 다시 '습관'이라고 부른다. 습관이란 무의미한 반복성을 의미한다. 그 습관에 대해 시간의 예민한 관찰자인 '나'는 감각하고 있지만, "검은 외투를 입은 그 사람들은 다시 저 아래로/ 태연히 걸어가고 있"다. 문제는 다시, '나'의 예민한 감각과 거리의 군중들의 태연함, 혹은 무심함이다. '예감'에 휩싸인 '나'의 감각은 불안한 어떤 것이지만, 군중들의 태연함은 차라리 '내' 감각을 안심시킨다. "안심하라, 감각이여!"라는 역설은 그렇게 발생한다. "모든 신비로부터 자신을 보호하기 위"한 '사람들'의 투명함과 태연함은 감각의 예민함을 무화시킨다. 그러니까 어느 푸른 저녁은 '나'의 예감과 '사람들'의 습관이 교차하는 시간-공간이다. 그런데 '나'의 예감은 '사람들'의 '습관'을 부정적으로 바라보기보다는 그 투명성의 순간을 호명한다. "예감이라 부른다", "습관이라 부른다"라는 두 번의 호명을 통해, 어

느 푸른 저녁의 그 투명한 익명성을 감각한다. 그 감각은 도시의 낯섦과 그 낯섦의 익숙함으로부터 불안과 평온, 위험과 가능성을 동시에 발견하는 시적 사건이다. 시적 화가가 만난 예감의 순간은 시계적 시간, 관습화된 시간 개념 저편에서 침묵과 정지의 '외부'를 발견하는 경험이다.

기형도의 거리의 감성은 이렇게 도시의 익명적 공간에서 '예감'의 순간을 발견하는 관찰자인 '나'의 시선과 '습관'의 시간 속에 있는 군중들과의 관계 속에서 구축된다. 여기서 바라보는 일인칭과 대상화된 삼인칭의 관계는 기형도의 거리의 시학을 규정짓는 중요한 시선의 구조이다. 역시 등단하던 해에 발표된 다음의 시 역시 그 '나'와 '그'의 관계와 연관된 '시선'의 문제를 구체적으로 보여준다.

3. '그'에 대한 시선

그는 앉아 있다
최소한의 움직임만을 허용하는 자세로
나의 얼굴, 벌어진 어깨, 탄탄한 근육을 조용히 핥는
그의 탐욕스런 눈빛

나는 혐오한다, 그의 짧은 바지와
침이 흘러내리는 입과
그것을 눈치 채지 못하는
허옇게 센 그의 정신과

내가 아직 한 번도 가본 적 없다는 이유 하나로

나는 그의 세계에 침을 뱉고
그가 이미 추방되어버린 곳이라는 이유 하나로
나는 나의 세계를 보호하며
단 한걸음도
그의 틈입을 용서할 수 없다

갑자기 나는 그를 쳐다본다, 같은 순간 그는 간신히
등나무 아래로 시선을 떨어뜨린다
손으로는 쉴새없이 단장을 만지작거리며
여전히 입을 벌린 채
무엇인가 할말이 있다는 듯이, 그의 육체 속에
유일하게 남아 있는 그 무엇이 거추장스럽다는 듯이 (「늙은 사람」 일부)

"그는 쉽게 들켜버린다"라는 첫 문장에는, '그'는 숨겨진 자이고, '나'는 보는 자라는 전제가 개입되어 있다. '내' 시선의 프레임 안에서 그-'늙은 사람'은 "무슨 딱딱한 덩어리처럼 달아날 수 없는, 공원 등나무 그늘 속에 웅크린" 존재로 묘사된다. 흥미로운 것은 시선의 주체로서의 '나'와 시선의 대상으로서의 '그'라는 일방적인 관계의 구조가 처음부터 유지되지 못한다는 것이다. "나의 얼굴, 벌어진 어깨, 탄탄한 근육을 조용히 훑는/ 그의 탐욕스런 눈빛"이라는 묘사에서 이미, 그는 단순히 보여지는 자가 아니라, 오히려 '나'를 탐욕적인 시선으로 쳐다보는 자이다. 이런 상황에서 '늙은 사람'에 대한 '나'의 연민과 같은 통상적인 감정은 개입될 여지가 없다. '나'에 대한 '그'의 탐욕적인 시선은 오히려 '나'의 거부감을 낳고 '나'는 그의 외모와 "허옇게 센 그의 정신"을 혐오한다. '그의 세계'는 "내가 아직 한 번도 가본 적 없"는 세계이다. 그는 다른 시간 속에 존재하기 때문이다. 지금 하나의 공간 속에 있지만, 그의 세계와 '나'의 세계는 그렇게 다르다. 그는 "이미 추방되어버린 곳"이다. 늙고 소외된, 그리고 정신이 "허옇게 센" 그는, 이미 이 세계로부터 추방된 시간-공간이다. 그렇다면 그와 '나' 사이에는 탐욕과 혐오라는 관계만이 존재하는 것일까?

마지막 연에 주목해보자. "갑자기 나는 그를 쳐다본다, 같은 순간 그는 간신히/ 등나무 아래로 시선을 떨어뜨린다." 두 사람의 이런 행위 사이에서 무슨 일이 벌어진 것일까? 탐욕과 혐오라는 관계로부터 두 사람의 변화된 시선은 다른 층위에 돌입한다. 갑자기 쳐다보는 '나'와 간신히 시선을 떨어뜨리는 '그' 사이에는 일종의 대화가 벌어진 것이다. 시선을 떨어뜨리는 그의 행위는 '나'의 시선에 대한 일종의 반응이라고 이해할 수 있다. 그 반응이 의미하는 것은 무엇일까? 그는 "무엇인가 할말이 있다는 듯이" 행동하지만, 그 '할말'은 무엇인가? 여기서, '나'라는 젊은 육체에 대한 그의 탐욕과, 그의 늙은 육체와 정신에 대한 '나'의 혐오는 다른 관계에 진입한다. 그것을 시선의 사건이라고 볼 수 있다면, 그것은 시선의 주체인 '나'와 시선의 대상인 '그'의 육체 사이에서 일어나는 변이이다. 그 변이의 상황에서 '그'는 '나'와 무관하지 않는 존재가 아닌가?

기형도의 시는 시적 자아인 '나'와 그것의 대상화된 허구적 자아인 '그'의 관계로 구축된다.[3] 탈서정적인 관찰자인 '나'와 죽음의 시간에 근접해 있는 '그'와의 관계는 기형도의 시적 세계 인식의 한 중요한 모티브를 이룬다. '그'에 대한 방법적인 묵시(默視)에서 그가 속한 세계에 대한 묵시(默示)로 이어지는 과정이 기형도의 시적 시선과 미학의 내용이다. 그

3 이 점에 관해서는 졸고, 「묵시(默視)와 묵시(默示): 기형도적인 시쓰기의 의미」, 『환멸의 신화』(민음사, 1995) 참조.

런데 그는 정말 다만 '나'의 시선의 대상인 '그'일 뿐인가? 오히려 '그'는 '대상화된 나'이거나, 혹은 다른 시간 속에 존재하는 '나'가 아닐까? 다른 방식으로 말하면 '그'는 '내'가 예감하는 '나', '내'가 다른 시간 속의 '나'를 본 것이 아닐까? 그렇다면, 저 늙은 존재는 다만 '그'가 아니라, '내'가 혐오하는 '나', '나'를 질투하는 '나', 혹은 '나'에게 할 말이 있는 '나'가 아닌가? 이 지점에서 시선의 주체인 '나'와 시선의 대상인 '그' 사이의 위상 체계는 무너져버리는 것이 아닐까? '그'와의 관계 속에서 '나'는 그 사적 성격을 잃어버리고 '그', '그것'과 분간되지 않는 상태로 돌아간다. '나'라는 주체는 비인격화된다.

그의 장례식은 거센 비바람으로 온통 번들거렸다
죽은 그를 실은 차는 참을 수 없이 느릿느릿 나아갔다
사람들은 장례식 행렬에 악착같이 매달렸고
백색의 차량 가득 검은 잎들은 나부꼈다
나의 혀는 천천히 굳어갔다, 그의 어린 아들은
잎들의 포위를 견디다 못해 울음을 터뜨렸다

그해 여름 많은 사람들이 무더기로 없어졌고
놀란 자의 침묵 앞에 불쑥불쑥 나타났다
망자의 혀가 거리에 흘러넘쳤다
택시 운전사는 이따금 뒤를 돌아다본다
나는 저 운전사를 믿지 못한다, 공포에 질려
나는 더듬거린다, 그는 죽은 사람이다
그 때문에 얼마나 많은 장례식들이 숨죽여야 했던가
그렇다면 그는 누구인가, 내가 가는 곳은 어디인가

나는 더 이상 대답하지 않으면 안 된다, 어디서
그 일이 터질지 아무도 모른다, 어디든지
가까운 지방으로 나는 가야 하는 것이다
이곳은 처음 지나는 벌판과 황혼,
내 입 속에 악착같이 매달린 검은 잎이 나는 두렵다 (「입속의 검은 잎」 일부)

이 시는 1989년에 발표된 그의 유작 중의 하나이고, 시집의 표제작이 될 정도로 기형도의 대표작 가운데 하나로 평가받는다. 이 시에 관한 가장 일반적인 이해 중의 하나는 이 시의 배경이 1979년의 10 · 26으로부터 1980년 광주에 이르는 정치적 사건들이라는 것이다. 물론 그렇게 볼 수 있는 텍스트 안팎의 정황은 충분하다. 그리고 아마도 그런 맥락에서 이 시가 '1980년'을 묘사한 치열한 문학적 사례로 평가될 수도 있을 것이다. 어떤 정치적 도덕주의에 기대지 않고 있으면서도, 그 시대의 억압과 공포를 날카롭게 환기시켜주고 있기 때문이다. 그러나 이 시가 그런 제한적인 의미에서만 평가된다면 그것 역시 안타까운 일이다.

조금 다른 문맥에서, 이 시는 기형도의 시학, 그러니까 일인칭 '나'와 삼인칭 '그' 사이의 관계에 의해 시적 담론이 구축되는 과정을 가장 풍부하게 보여준다. 우선 '그'는 누구인가? 그는 "한 번도 만난 적이 없는 그"이다. 한 번도 만난 적이 없는 그를 생각하는 것은 "처음 지나는 벌판과 황혼"을 경험했기 때문이다. '그'와 연관된 공간과 사건 때문에 그를 생각하게 된 것이다. "그 일이 터졌을 때 나는 먼 지방에 있었다"라는 진술은 '내'가 그의 공간과 사건의 현장에 있지 못했음을 보여준다. 그 사건에 관한 한 '나'는 부재자였던 것이다. 사건이 일어나기 전에 '내'가 본 것은 신문에서 "고개를 조금 숙이고 있는" 그였고, "얼마 후 그가 죽었다." 그의 장례식에 대한 묘사로 미루어 그를 유신의 독재자로 판단할 수도 있다. 그런 해석이 이 시에 대한 심각한 오독이라고 말할 수는 없겠다. 그런데, 보다 중요한 것은 '그'와 '나'의 관계에 대한 이 시의 심층적인 문맥이다.

그 사건에 대해 부재자였던 '내'게 속한 것은 책과 검은 잎들의 세계이다. 부재자인 '나'는 다만 그 세계 속에 있었다. 그리고 그의 죽음 이후, "나의 혀는 천천히 굳어갔다." 그의 죽음 때문에 '나'의 침묵은 훨씬 공포스러운 것이 된다. 말할 수 없음에 대한 공포. "공포에 질려/ 나는 더듬거린다"라는 문장처럼 '나'의 세계에 대한 두려움을 명시적으로 표현해주는 문장은 없다. 시의 후반부로 가면 '그'와 '나'의 관계는 다른 양상에 진입한다. "그 때문에 얼마나 많은 장례식들이 숨죽여야 했던가/ 그렇다면 그는 누구인가, 내가 가는 곳은 어디인가"에 이르면, 그와 '나'의 관계는 훨씬 더 혼돈 속에 빠져든다. 이 시에서 '그' – '나' – '택시 운전사'는 익명성으로 뒤섞인다. 삼인칭 '그'의 모호성은 공포에 짓눌린 '나'의 익명성과 구별되지 않는다. 죽은 자로서의 '그'가 '택시 운전사'로 전이되는 과정, 그리고 그 전이가 '나'의 익명성과 겹쳐지면서, 한 시대의 억압과 공포는 죽음의 내적 확산이라는 방식으로 드러난다. '그'와 '나'는, 그 알 수 없음과 말할 수 없음의 익명적 공포로 연결되어 있다. 그리고 이 공포의 감각은 "처음 지나는 벌판과 황혼"을 지나면서, 그 길의 시간 위에서 발생한 감각이라는 것이 다시 확인된다.

4. 거리에서 쓰는 자

미안하지만 나는 이제 희망을 노래하련다
마른 나무에서 연거푸 물방울이 떨어지고

나는 천천히 노트를 덮는다
저녁의 정거장에 검은 구름은 멎는다
그러나 추억은 황량하다, 군데군데 쓰러져 있던
개들은 황혼이면 처량한 눈을 껌벅일 것이다
물방울은 손등 위를 굴러다닌다, 나는 기우뚱
망각을 본다, 어쩌다가 집을 떠나왔던가
그곳으로 흘러가는 길은 이미 지상에 없으니
추억이 덜 깬 개들은 내 딱딱한 손을 깨물 것이다
구름은 나부낀다, 얼마나 느린 속도로 사람들이 죽어갔는지
얼마나 많은 나뭇잎들이 그 좁고 어두운 입구로 들이닥쳤는지
내 노트는 알지 못한다, 그동안 의심 많은 길들은
끝없이 갈라졌으니 혀는 흉기처럼 단단하다
물방울이여, 나그네의 말을 귀담아들어선 안 된다
주저앉으면 그뿐, 어떤 구름이 비가 되는지 알게 되리
그렇다면 나는 저녁의 정거장을 마음속에 옮겨놓는다
내 희망을 감시해온 불안의 짐짝들에게 나는 쓴다
이 누추한 육체 속에 얼마든지 머물다 가시라고
모든 길들이 흘러온다, 나는 이미 늙은 것이다 (「정거장에서의 충고」 일부)

거리의 감수성의 한 정점을 보여주는 이 시에서 기형도의 길 위의 시간은 그 풍부한 아이러니를 드러낸다. "미안하지만 나는 이제 희망을 노래하련다"라는 첫 문장에서 왜 희망을 노래하는 것이 미안한 일인지를 독자는 알 수 없다. 두 가지 짐작이 가능하다. 희망을 노래할 수 없는 상황임에도 불구하고 희망을 노래하는 것의 미안함이 그 하나라면, 다른 하나는 '이제'라는 부사에 무게를 실어 더 이상은 절망만을 노래할 수 없는 상태

라고 짐작할 수 있다. 후반부에 가면, "내 희망을 감시해온 불안의 짐짝들"이라는 표현이 등장한다. '내'게 희망은 감시당하는 어떤 것이다. 희망이 왜 감시를 당하는가? 불안이라는 '짐짝'이 있기 때문이다. 그래서 '희망'은 부끄럽게 역설적으로 발설되는 어떤 것이다.[4]

그리고 펼쳐지는 이미지들의 움직임. 먼저 '물방울'과 '노트'가 나온다. '물방울'은 그 사소함과 일회성과 순환성 때문에 이 시에서 반복적인 모티브가 된다. '물방울'은 '검은 구름' 속에 숨어 있을 것이고, "손등 위를 굴러다"니다가 "나그네의 말을 귀담아들어선 안 된다"라는 충고의 청자가 된다. 기형도 시에서 자주 등장하는 '노트'는 글쓰기 혹은 시쓰기의 이미지와 연관되어 있다. 노트를 덮은 것은 글쓰기의 끝이 아니라, 거리에서의 시쓰기의 시작이다. "얼마나 느린 속도로 사람들이 죽어 갔는지/ 얼마나 많은 나뭇잎들이 그 좁고 어두운 입구로 들이닥쳤는지/ 내 노트는 알지 못한다"라는 문장에서 '노트'는 세계의 불가해성에 대한 언어 혹은 글쓰기의 공포를 암시한다.[5] '노트'의 공포는 그의 시에 자주 등장하는 '혀'의 공포, 언어의 공포와 연관된다. 좀 더 구체적으로 말한다면, 노트가 알 수 없음의 공포와 관련되어 있다면, '혀'의 공포는 말할 수 없음의

---

4 '희망'은 기형도의 시에서 언제나 아이러니를 동반한다. 가령, "내 희망의 내용은 질투뿐이었구나"(「질투는 나의 힘」), "길 위에서 일생을 그르치고 있는 희망이여"(「길 위에서 중얼거리다」), "나무들은 언제나 마지막이라 생각하며/ 작은 이파리들을 떨구지만/ 나의 희망은 이미 그런 종류의 것이 아니었다"(「10월」), "나는 가끔씩 어둡고 텅 빈 희망 속으로 걸어 들어간다"(「먼지투성이의 푸른 종이」)와 같은 표현들이 빈번하게 등장한다.

5 '책' 혹은 '노트', '종이'를 둘러싼 공포는 기형도 시의 중요한 이미지 군을 형성한다. 이를테면 "나의 영혼은/ 검은 페이지가 대부분이다, 그러니 누가 나를 펼쳐볼 것인가"(「오래된 書籍」), "힘없는 책갈피는 이 종이를 떨어뜨리리/ 그때 내 마음은 너무나 많은 공장을 세웠으니/ 어리석게도 그토록 기록할 것이 많았구나"(「질투는 나의 힘」), "공포를 기다리던 흰 종이들아/ 망설임을 대신하던 눈물들아/ 잘 있거라, 더 이상 내 것이 아닌 열망들아"(「빈집」), "먼지투성이의 푸른 종이는 푸른색이다/ 어떤 먼지도 그것의 색깔을 바꾸지 못한다"(「먼지투성이의 푸른 종이」)와 같은 이미지들이 등장한다.

공포를 암시한다. "그동안 의심 많은 길들은/ 끝없이 갈라졌으니 혀는 흉기처럼 단단하다"와 같은 문장들을 보라.

그러나 이 시에서 가장 핵을 이루는 이미지가 있다면, 그것은 저녁의 정거장이라는 공간 그 자체일 것이다. 정거장은 길과 길 사이의 지점이다. 하나의 길이 다른 길과 만나는 지점, 하나의 존재가 다른 동선으로 옮겨가기 위해 잠시 머무는 곳이다. 정거장은 일정한 간격으로 차로 오고 떠나기 때문에 도시의 시계적 시간의 지배를 갖는 공간이다. 그런데 저녁의 정거장이다. 저녁은 아침의 생산성과 반대에 있는 시간, 하루는 소멸의 빛 가운데 회한과 망각의 시간을 맞는다. 저녁의 정거장은 길과 길 사이에서 거리의 '황량한 추억'을 경험하는 시간-공간이다. 이 저녁의 정거장에서 무엇을 알아내고 무엇을 말할 수 있을 것인가? "나는 기우뚱 망각을 본다", "내 노트는 알지 못한다", "혀는 흉기처럼 단단하다"와 같은 진술 속에서 '내'가 알 수 있는 것, 내가 말할 수 있는 것은 없다. 저녁의 정거장은 깨달음의 계기가 아니라, 생의 불가해성에 대한 다른 감각을 만나는 곳이다. 그렇다면 '내'가 할 수 있는 마지막 전언은 무엇인가? "나는 쓴다"라는 마지막 행위에 주목하자. 시의 화자는 저녁의 정거장에서 알아낼 수 있는 것, 말할 수 있는 것은 없지만, 다만 "쓴다"라는 행위를 현재진행형으로 수행한다.[6]

거리에서 쓰는 자의 마지막 문장은 "이 누추한 육체 속에 얼마든지 머물다 가시라고/ 모든 길들이 흘러온다, 나는 이미 늙은 것이다"라는 진술

---

6 세계의 불가해성과 지나간 시간에 대한 회한과 탄식을 뒤로 하고 시의 화자가 기록하는 마지막 문장들. 이 경우 그 문장의 내용 못지않게 중요한 것은 침묵과 탄식과 중얼거림을 뒤로 하고 '쓴다'는 행위 자체의 상징성이다. 이를테면 "그리하여 나는 우선 여기에 짧은 글을 남겨둔다/ 나의 생은 미친 듯이 사랑을 찾아 헤매었으나/ 단 한번도 스스로를 사랑하지 않았노라"(「질투는 나의 힘」)와 같은 표현들을 만날 수 있다.

이다. 이 문장들은 어떤 체념의 상태를 표현하는 것처럼 보인다. 그러나 더 중요한 것은 이 시의 화자가 경험한 시간 그 자체이다. '내'가 거리에서 경험하는 시간은 이를테면 "나는 일생 몫의 경험을 다했다"(「진눈깨비」)와 같은 질량을 갖는다. 거리에서의 어느 한순간에, 생의 모든 시간의 무게를 경험하는 감각, 그 감각은 '나'의 조로(早老)를 선언하게 만든다. 그렇다면 정거장에서의 '충고'란 무엇인가? 충고란 사전적인 의미에서 남의 결함을 타이르는 것을 말하지만, 그 충고의 대상은 또한 누구인가? 표면적으로 이 시에서 충고의 대상은 "물방울이여, 나그네의 말을 귀담아들어선 안 된다"라는 문장 속의 '물방울'이라고 할 수 있다. 그러면 '나그네'는 누구인가? 시의 문맥에서 '나'와 '물방울' 이외에 다른 인격적인 주체를 발견하기 힘들다. 그렇다면, 나그네는 지금 역설적인 희망을 노래하고 있는 '나'일 수도 있다. 다시 그러면 물방울은? 물방울은 '나'와 '나그네'와는 다른 존재인가? 이제, 더 이상 '나'와 '물방울'과 '나그네'는 충고의 주체와 충고의 대상으로 명확하게 구분되지 않는다. 충고의 행위가 중요할 뿐이지, 충고의 주체와 대상이 중요한 것은 아니다. 이런 맥락에서 충고는 익명적인 것이 된다. 정거장의 시간은 모든 길들의 시간이 한꺼번에 흘러오는 시간이며, 그 시간 위에서 '나'와 '너'와 '그것'의 인칭적인 차이가 무화되는 시간이다. 그 시간은 정거장이라는 도시공간 속에서의 시계적 시간을 '모든 길'의 시간, '일생 몫'의 시간으로 바꾸어 놓는다. 그 시간은 물리적 세계와 습관의 체계를 벗어나는 절대적이고 자율적이며 익명적인 시간이다.

기형도는 거리의 시인이었다. 그런데 기형도에게 중요했던 것은 도시적 풍경 자체가 아니었다. 거리에서 그는 다른 시간을 만난다.[7] 그 시간은 도시의 익명성이 어떤 설명할 수 없는 위태로운 신비를 만나는 경험이다. 그 경험은 사회적인 것이면서 또한 시적인 것이다. 그 시간 속에서 기형도는 일인칭의 서정적 세계로부터 어떤 비인칭적 공간으로 자신을 이동시킨다. 거리는 기형도의 일인칭을 단지 하나의 기억을 호출하는 개인성으로만 묶어두지 않았다. 거리는 그를 고립시키면서, 그 고립을 익명적인 것으로 만들었다. 도시는 그에게 개별성을 규정짓고, 동시에 그 개별성을 무화시킨다. 도시는 명사적인 것을 앗아가는 힘이다. 그는 거리에서 다른 삶의 위험한 가능성들과 만난다. 그 가능성은 1990년대 이후 한국 현대시의 중요한 미적 · 사회적 가능성이기도 했다. 청년의 투명한 우울이 거리에서 다른 시간을 맞닥뜨리는 사건을 만났을 때, 기형도의 문학사적 개입은 시작된다. 기형도의 시간은 한국 현대시의 지울 수 없는 시간이 되었다.

---

7 기형도는 「어느 푸른 저녁」의 시작 메모에서 다음과 같이 쓴다. "가끔씩 어떤 '순간들'을 만난다. 그 '순간들'은 아주 낯선 것들이고 그 '낯섦'은 아주 익숙한 것들이다. 그것들은 대개 어떤 흐름의 불연속선들이 접하는 지점에서 이루어진다. 어느 방향으로 튕겨나갈지 모르는, 불안과 가능성의 세계가 그때 뛰어들어온다. 그 '순간들'은 위험하고 동시에 위대하다. 위험하기 때문에 감각의 심판을 받으며 위대하기 때문에 존재하지 않는다"(『기형도 전집』, 문학과지성사, 1999, 333~334쪽).

제9장

김애란과 도시의 방

1. 김애란이라는 방

2000년대 문학 공간에서 김애란 소설의 매혹은 어디서 오는가? 가족사적 결핍과 도시 변두리의 누추한 생을 상상적 공간으로 전이하는 투명한 감성, 위트 넘치는 문체, 그리고 일상의 비루함을 지상 위로 띄우는 청신한 상상력 때문이었을 것이다. 그런데 두 번째 창작집 『침이 고인다』에 오면, 거기에는 뜻밖에도 '당신'과 '내'가 살았던, 살고 있는 이 도시의 그 작은 '방'들이 숨겨져 있다.

'방'이라니? 동시대의 젊은 작가들이 탈현실적인 상상력으로 재무장하고 있는 것과는 달리, 이 작가는 더 낮고 누추한 자리에서부터 다시 소설적 상상력을 가동시킨다. 등단작 「노크하지 않는 집」에서부터 그 단초를 보여주었던 것처럼, '도시의 방'을 둘러싼 유폐와 소통의 위상학을 심화시키면서, 그것을 새로운 '우주지리학' 위에 위치시킨다. 그의 방들은 '신림동 고시원'(「기도」) '4인용 독서실'(「노량진 다음 역」)이나, '반지하 방'(「도도한 생활」)처럼, 좁고 누추한 공간 속에 자리하거나, '지상의 방 한

칸'을 구하는 일 자체가 절실한 고투가 되는 상황(「성탄특선」) 속에 놓여 있다. 중요한 것은 방이라는 공간에 연루되어 있는 개인 서사, 그 개인 서사의 상상적 지리학이다. 이제 김애란의 서사는 가족 로망스의 변주로부터, 방의 도시적 지형학에 대한 동시대적인 탐색으로 성큼 나아간다.

'집'과 달리 '방'은 개인의 혹은 개별성의 상징 공간이다. '내' 방은 휴식, 내밀성, 은밀하고 사소한 행복의 의미작용을 가질 것이다. 방은 개인의 비밀스러운 닫힌 공간이다. 집에 관한 바슐라르의 명제를 변형한다면, '방은 인간 존재의 최초 세계'이다. 그런데 김애란의 '자기만의 방'은 이보다 저 절실한 사회적 차원이 개입되어 있다. 그곳은 '신빈곤' 시대의 20대들이 청년실업과 비정규직 양산이라는 엄혹한 시대 상황 속에서 처절하게 입사식을 준비하는 도시 변두리의 공간이다. 이들이 잠시 머무르는 '노량진'과 '신림동' 혹은 서울 변두리의 지명들은 이들의 시대적인 존재 위치를 말해준다. 불안정한 사회적 지위를 가진 '취업 준비생', '재수생', '아르바이트생' 혹은 '변두리 학원 강사'의 신분을 가진 인물들은 제도권 정규 사회로의 진입의 지난함을 그 공간에서 감내해야 한다. 그들은 '계급'조차 갖지 못한 존재들. 제도권에서 사회적인 성인으로 공인해주지 않는 존재들. 그래서 이들의 사회적 진입과 그 입사(入社)의 '성인식'은 끊임없이 유예된다. 이들의 방은 창백한 청춘들이 자신의 신체적 · 정신적 개별성과 자존을 보존하기 위해 확보해야만 하는 최소 공간, 혹은 깊은 곳으로부터 타자와의 소통과 연대를 꿈꾸는, 혹은 그 꿈이 배반당하는 공간이다.

그러나, 김애란의 방이 동시대의 젊은 세대들이 처한 사회적 상황을 확인시켜주는 공간으로만 해석된다면 안타까운 일이다. 김애란 소설의 문학적 성취는 동시대 젊은 세대의 사회문화적인 궁핍을 사실적으로 드러내면서, 그 개인성의 균열과 심연 속을 탐사하고, 그 안에서 실존의 지리학과 그 우주적 공간을 발견하는 상상적 모험을 펼쳐 보인다는 데 있다. 그리하여 김애란의 방들은, 방의 도시사회학에서 방의 지형학으로, 혹은 방의 기호학에서 방의 우주지리학으로 움직인다. 김애란의 방은 2000년대 문학의 한 주제인, 작고 고립된 주체들의 몸이 거처하는 최소 공간이고, 그곳에서 꾸는 꿈들의 표지이다. 혹은 그 작은 주체들의 몸 그 자체이거나, 그 몸이 간직한 우주이다. 세상의 모든 몸들이 조금씩 상처나 있는 것처럼, 그래서 그 방들은 조금씩 아프다.

2. 여자들의 방

버지니아 울프는 『자기만의 방』에서 여성이 픽션을 쓰기 위해서는 '돈'과 '자기만의 방'이 있어야 한다고 말한다. 여성작가가 '자유의 문'을 열기 위해서는 고정적인 소득과 자기만의 방이 필요하다는 이 전언은 물론 매우 정치적인 것이다. 이것은 여성의 사회적 생존에 대한 조건을 명시적으로 드러낸다. 하지만 이 조건은 '픽션을 쓰는 여자'에게만 해당되는 것은 아니다. 픽션을 쓰는 여자란 넓은 의미에서 말한다면, '여성'이 되려는 여자, 혹은 글을 쓰려는 여자, 혹은 무엇인가를 창조하려는 여자일 것이다. 김애란의 소설 속의 여자들은 여성 정체성에 대한 날카로운 자의식을 가졌다기보다는, 다만 최소한의 자존을 위한 공간을 확보하려 한다. 하지만 그 공간을 확보하는 것은 언제나, 여러 장애에 직면하게 된다. 그들은 아직 '계급'과 '제도'에 소속되지 못한, '비정규적 여자들'이기 때문이다.

「도도한 생활」에서 '나'에게 피아노는 내 자존의 상징이다. 만두집을 했던 엄마는 '나'에게 피아노를 가르침으로써 '보통의 기준' 속에서 딸을 교육시키려 했다. 피아노는 '거실'이 아닌, 엄마의 만두가게 안에 놓이게 된다. 엄마의 '만두'와 '나'의 피아노는 그렇게 생존의 공간과, 중산층의 표준 교육 프로그램이라는 허영의 자리에서 마주보고 있는데, 그것들이 한 공간 안에서 위치한다는 사실이 더 근원적인 '현실'을 보여준다. 피아노를 둘러싼 욕망은 '구별 짓기'의 세계 속에서의 '나'와 '엄마'의 사회적 욕구를 보여준다. "체르니란 말은 이국에서 불어오는 바람 같아서, 돼지비계나 단무지란 말과는 다른 울림을 주었다. 나는 체르니를 배우고 싶기보단 체르니라는 말을 갖고 싶었다."[1] 문제는 '체르니'라는 시니피앙이 주는 감각과 취향의 울림이다.

성장하면서 '나'는 더 이상 피아노를 치지 않게 되었지만, "세상 사람들은 가끔 아무도 모르게 도— 도— 하고 우는 것이 아닐까 하고, 사람들 저마다 자기도 모르게 까닭 없이 낼 수 있는 음 하나 정도는 가지고 태어나는 게 아닐까 하고"[2] 생각하게 된다. 피아노는 개인들의 최소한의 자존의 상징이며, 동시에 채울 수 없는 것들에 대한 저마다의 슬픔이다. 어느 날 갑자기 집이 망하고, 집안 물건을 팔아버려야 할 상황에서 엄마는 피아노를 서울의 반지하 자취방에 가져가도록 한다. 반지하 자취방의 피아노란 마치 만두집의 피아노처럼, 궁핍한 생활과 심미적 취향의 낙차를 드러내준다. 주인은 피아노를 치지 못하게 했고, 아무 쓸모없는, 치지도 못할 피아노는 그렇게 서울의 반지하 방에 입성한다. "계급을 나누는 건 집이나 자동차 그런 것이 아니라 피부하고 치아"[3]인 시대. 이미지와 스타일과 취향이 계급을 결정하는 세계 속에 피아노는 불편하게 그렇게 놓여 있

---

1 김애란, 『침이 고인다』(문학과지성사, 2007), 15쪽.

2 위의 책, 19쪽.

3 위의 책, 26쪽.

는 것이다. 그건 마치 언니가 고른 투박한 컴퓨터 본체 케이스의 느낌과 비슷하다. "언니는 가장 21세기적인 컴퓨터와 함께 반지하에 살게 되었다. 21세기가 얼마나 '슬림'한 것인지를 알게 되는 데는 많은 시간이 필요하지 않았겠지만, 그것은 방 한쪽에 불룩하게 자리 잡았다."[4]

반지하의 공간은 "어쩐지 여기 서울 같지 않아"[5]라고 말하게 만드는 곳이다. 그 눅눅한 공간에 비가 쏟아져 들어오는 마지막 장면, "검은 비가 출렁이는 반지하에서" 피아노를 치는 '나.' 이 장면은 주인집의 금지를 어기는 행위라는 차원을 넘어, 반지하 공간으로 상징되는 사회적 궁핍의 공간을 다른 상상적 차원으로 이동시킨다. 이 강렬한 장면에서 만나는 것은 차라리 불우와 불행에 대한 투명한 심미적인 대응 방식이다. 불행의 극복을 위해 적극적으로 노력하거나, '피아노'라는 취향의 세계에 탐닉하는 것과는 조금 다른 차원의 투명한 체념의 미학. 불행에 대해 주인공은 이렇게 말한다. "다만 그것은 아주 투명한 불행처럼 느껴진다고, 실감이 안 난다고 덧붙였다. 그것은 당장 내가 내일부터 아르바이트를 하고, 어마어마한 피로감을 느낀다 해도, 저 너머 도미노의 끝을 상상할 수 없고, 그렇기 때문에 원망할 수도 없는 것과 비슷한 느낌이었다."[6] 이 소설의 제목인 '도도한 생활'의 절묘한 아이러니를 빌려, 이런 투명한 체념의 미학을 도도함의 미학이라고 부르면 어떨까? 사람들이 저마다의 '도— 도—' 하고 울고 있다는 것을 알고 있는 자의 쓸쓸한 '도도함', 체념의 방식으로 자존을 유지하는 그 무심하고 투명한 '도도함.'

이 반지하의 공간은 자매가 생활하는 공간이다. 자매는 "구인광고란에

4 위의 책, 29쪽.
5 위의 책, 28쪽.
6 위의 책, 25~26쪽.

적힌 '준수한 외모'라는 말의 진정한 뜻을" 알아야만 하는 사회를 함께 견뎌야만 한다. 그녀들의 삶의 태도에 대비되는 것은 이 소설 속의 남자들이다. 김애란의 다른 소설에서 나타나는 것처럼, 아버지는 여전히 무능하고 즉흥적이고 대책이 없다. "내가 집을 떠나던 날, 아빠는 오토바이 '쇼바'를 잔뜩 올린 채, 도로 위를 달리며 울고 있었다. 아빠는 오토바이 속도가 최절정에 다다랐을 때, 앞바퀴를 들며 '얘들아 너흰 절대 보증 서지 마!' 하고 오열했고, 비닐하우스 옆에서 머리를 조아리며 속도위반 딱지를 뗐다고 했다. 벌금은 고스란히 만두가게에서 일하는 엄마 앞으로 전가됐다."[7] 김애란 특유의 유머가 돋보이는 이 에피소드에서 집안의 경제적 붕괴의 원인을 제공했던 아버지는 그런 상황에 대한 슬픔의 표출마저 즉흥적인 방식으로 '스타일'을 만든다. 물론 그것의 수습은 또다시 엄마의 몫이다. 마지막 장면, 물이 들어찬 반지하방에 찾아온 언니의 옛 애인 역시 "누르스름하고 고르지 않고, 작고 오래된 이[齒]들"을 가진, "조그만 체구에 순한 얼굴을 가진", 술에 취해 옛 애인의 집을 찾아와 몸을 가누지 못하는 그런 종류의 남자이다. 언니처럼 '나' 역시 그 사내의 이를 보고 싶다는 충동을 느끼는 것도 이들의 여성성이 엄마의 그것처럼, '결핍'으로서의 남성을 수습해줄 수밖에 없는 그런 실존적 상황에 처해 있기 때문이 아닐까? 투명한 체념의 미학은 그래서, 어떤 '여성적'인 수행 방식의 하나를 드러내는 것이 아닐까?

여자들의 방이라는 공간에 대한 풍요로운 소설적 시선을 드러내고 있는 것은 「침이 고인다」이다. 학원 강사로 일하며 혼자 살고 있는 그녀에게 어머니에게 버림받은 기억을 가진 후배가 찾아온다. 후배의 엄마는 도서관에서 딸에게 껌 한 통을 쥐어준 뒤 사라진다. 후배는 압도적인 외상

7 위의 책, 22쪽.

적 장면을 그녀에게 말해버린 뒤, 그때 남은 껌 하나를 쪼개서 그녀에게 주는 '상징적 제의'를 제안한다. "그녀는 혼란스러웠다. 모든 게 거짓말 같고 또 정말인 것 같았다. 그녀는 자기 앞에 앉아 있는 후배의 존재가 허구처럼 느껴졌다."[8] 하지만 후배가 "한없이 투명한 표정으로", "지금도 입에 침이 고여요"라고 말했을 때, 그녀는 그 한마디 때문에 후배를 받아들인다. 타인의 깊은 외상적 기억을 공유한다는 것은 이중적이다. 타인과의 깊은 소통과 유대의 계기를 만드는 것이지만, 한편으로는 그 외상적 기억을 공유해야 한다는 책무감 혹은 자신도 그 사람에게 그런 외상적 기억을 말해야 한다는 부채감이 작동할 것이다.

그녀는 후배의 언변과 살가움에 위로받고, "유통기한이 정해진 안전한 우정이 그녀를 여유롭게 만들어"[9]준다고 잠깐 생각한다. 하지만 여자들의 '안정한 우정'은 없다. "그녀가 퇴근 후 현관에 서서 '지금 저 안에 후배가 없었으면 좋겠다'라는 생각을" 하게 되면서, "그녀는 주인공의 죽음을 기다리는 독자처럼, 후배가 저지르는 작은 실수들을 숨죽여 기다리게 되었다."[10] 후배는 그녀의 취향과 닮기 위해 노력했지만, 그것은 오히려 그녀를 당황하게 만든다. 타인의 외상적 기억을 공유하는 것 못지않게, 취향을 공유한다는 것도 불편한 어떤 것이니까.

그녀는 불편한 감정을 후배에게 털어놓고 후배가 이불에 생리혈을 묻힌 것을 타박한다. 그녀가 가장 여성적인 생리현상인 생리혈을 핑계로 후배를 타박하게 되는 것은, '고독'에 대한 그녀의 욕망 때문이다. "그녀는 어서, 고독해지고 싶다. 푹신푹신한 고독감 속에 파묻혀 휴일이면 온종일

8 위의 책, 63쪽.
9 위의 책, 59쪽.
10 위의 책, 68쪽.

인터넷을 하거나 영화를 보고, 아무렇게 입은 채, 아무 때나 일어나 아무거나 먹어버리고 싶다."[11] 고독의 욕망은 소통의 욕망처럼 강렬하다. 후배가 떠나고 다시 혼자가 된 그녀는 후배가 건네준 껌을 씹는다. 이 행위는 고독의 욕망이 소통의 욕망을 배제한 상황에서, 개인이 그 결핍을 보충하려는 상징적인 행위로 볼 수 있다. '침이 고인다'라는 생리현상은 상실의 외상에 대한 신체적 반응이지만, 원초적 결핍으로 인해 '껌'과 '침'이 상징하는 '구강적 인성'이 고착화된 것으로도 설명될 수 있다.

문제적인 것은 '껌'이라는 사물이 상징하는 바의 충족되지 않는 구강기적 욕망이다. 마지막 장면을 주목하자. "세상에 그녀가 놀란 듯 중얼거린다. '아직 달다.' 천천히 껌 조각을 씹으며 무표정한 얼굴로 자리에 눕는다. 입 안 가득 달콤 쌉싸름한 인삼 껌의 맛이 침과 함께 괴었다 사라지고 사라졌다 괸다. 그녀는 이불 위에 웅크린 채, 질겅질겅 껌을 씹으며 단물이 빠질 때까지, 드라마의 '전송 완료'를 기다린다. 어스름한 모니터의 불빛 때문인지 쌉싸름한 인삼 맛 때문인지 껌 씹는 그녀의 표정은 울상인 듯 그렇지 않은 듯 퍽 기괴해 보인다."[12] 껌은 결코 충족될 수 없는 기호품이다. 껌은 배를 부르게 하지도 않으며, 그 반복되는 행위는 '단물이 빠질 때까지'에 한정된 것이고, 다만 침을 나오게 할 뿐이다. 껌 씹은 행위의 이런 성격은, 다시 '푹신푹신한 고독' 속에 남겨진 그녀의 '기괴한' 표정과 동궤를 이룬다. 이 달콤하고도 공허한 행위. 고독의 욕망과 소통의 욕망의 교차는 영원히 채워지지 않는 껌 씹기와 같다. 그녀들의 동거가 실패한 것은 타인 속에서 자기 욕망을 재현하고 실현하는 것에 대한 실패이다. 여기서, 여자들의 방은 여자들의 '연대'를 가능하

11 위의 책, 79쪽.
12 위의 책, 83쪽.

게 하는 공간이 아니라, 타인의 외상과 고독을 공유하는 것에 대한 내적 장애를 발견하는 자리이다. 그러나 그 방의 시간들을 그녀들은 함께 살았다. 그리고 결핍은 사라지지 않는다. 그래서 그녀들은 '침이 고이거나' 혹은 '목이 마르다.'

4인용 독서실 공간에서도 여자들이 살고 있다(「자오선을 지나갈 때」). '나'는 지금 학원 강사 자리를 알아보기 위해 서울을 돌아다니다 전철을 타고 집으로 돌아가는 중이다. 입사 시험에 서른 번째 낙방을 하면서 '나'는 "정말 나는 괴물이 아닐까?"[13]라고 생각했다. "여자는 얼굴이 인성"이고 '콘텐츠는 돈으로 만드는' 시대의 괴물. 열차가 노량진역 근처에 왔을 때, '나'는 1999년의 노량진에서 보낸 시절로 돌아간다. '나'는 'IMF' 때문에 '갑자기 교대 지원하는 학생이 많아' 대학에 떨어졌다. 재수를 하면서 입성한 '노량진'은 '약속의 땅'처럼 느껴졌고, 그곳에서 학원 근처 '여성전용 독서실'을 계약한다. 임용고시 재수생, 5급 공무원 시험 준비생인 언니들과 함께 쓰는 이 공간은 제도권에 진입하려고 안간힘을 다해 '준비'하는 여자들의 방이다. "4인실은 너무 좁아, 네 명 모두 책상 위에 의자를 올린 뒤, 연필처럼 자야 했다."[14] 제도 사회에 진입하지 못한 여자들이 자신의 몸을 연필처럼 눕혀야 하는 공간, 서로의 궁핍과 결핍을 짐작하고 있지만, 아무것도 서로에게 해줄게 없는 시간.

'노량진'이라는 지명과 여성전용 독서실이라는 공간은 이 소설의 서사적 이미지의 핵심을 이룬다. "노량진에는 머무는 사람보다 지나가는 사람이 많았다. 혹은 오래 머물더라도 사람들은 그곳을 '잠시 지나가고 있는 중'이라고 생각했다. 그것은 나도, 재수생 언니도, 민식이도, 총무 오

13 위의 책, 125쪽.
14 위의 책, 133쪽.

빠도 마찬가지였다. 사람들은 알고 있었다. 그렇게 '지나가는' 곳의 생활, 관계가 어떤 것인지를. 나는 거리나 지하철에서 나와 같은 사람들을 알아볼 수 있었다."[15] 노량진은 떠나기 위해 잠시 머무는 자들의 지명이며, 그곳에서 '생활'과 '관계'는 다만 '임시적'인 어떤 것이다. 남자친구가 대학 가서도 연락하자고 말할 때, "나는 우리가 대학에서 연락하지 않을 거라는 걸 알고 있었다. 왜냐하면 노량진은 모든 것이 '지나가는 곳'이기 때문이다."[16] 문제는 그곳을 떠나온 지금 2005년의 시집에서도 여전히 '나'는 그곳을 '지나가는 중'이라는 사실이다. "2005년 가을, 사람들 틈에 끼어 서울의 불빛을 바라봤다. 그리고 노량진의 이름을 생각했다. 다리 량(梁)자와 나루터 진(津)자가 동시에 들어간 곳. 1999년 내가 지나가는 곳이라고 믿었던 곳. 모든 사람이 지나가는 곳. 하지만 그곳이 '지나가기만' 하는 곳이었다면 얼마나 좋았을까. 7년이 지난 2005년인 지금도 나는 왜 여전히 그곳을 '지나가는 중'인 걸까."[17] 여성전용 4인용 독서실과 노량진은 생의 '지나가는 곳'이다. 그만큼 내일을 위해 불편과 궁핍을 감내해야 하는 불안정한 곳이었다. 그런데 그 이후에도 그곳의 시간이 지속된다는 것, 여전히 생은 막막하고 불안정하고, 노량진 독서실의 공간은 '현재'에 속한다는 것. 혹은 서울이라는 우주를 돌아다니는 지하철 칸들처럼 서울의 방들은 다만 '지나가는 곳'이라는 이 서늘한 감각.

신림동이라는 공간은 또 어떤가?(「기도」) 신림동 역시 노량진처럼 정규적인 사회 공간에 진입하지 못한 사람들의 '방'이 있는 곳이다. 막내와 작은 원룸에 살고 있는 '나'와 달리 언니는 교육행정직 시험을 준비하기

---

15 위의 책, 142쪽.
16 위의 책, 149쪽.
17 위의 책, 152쪽.

위해 고시촌에 들어간다. '언니의 방'을 찾아가기 위한 '나'의 하루의 여정은 서울이라는 공간에 대한 탐사의 시간이기도 하다. "거리는 지방 소도시 몇 개를 기워놓은 듯하다. 낡고, 일관성 없고, 잡지처럼 산만하다. 그리고 왠지 시간이 고여 있는 느낌이다. 신림뿐만 아니라 서울 대부분의 거리가 그랬다는 기억이 난다. 이것저것을 오려다 마구 붙여놓은 느낌, [……] 어쩐지 이 도시가 하나의 거대한 풍문처럼 느껴진다."[18] 그래서 " '수도(首都)가 이래도 되나?' 수도니까, 그런 것도 같다"[19]라는 이상한 생각을 하게 만든다. 노량진과 신림동은 '연령대'가 다른 사람들 때문에 '분위기'가 다르지만, 그러나 정주할 수 없는 곳이라는 측면에서는 동일하다. "언니의 방은 3층 복도 끝에 있다. 수십 개의 똑같은 문이 잔혹동화처럼 펼쳐져 있다."[20] 얼마 안 되는 보상을 바라고 공무원으로부터 취업에 관한 조사를 받는 '나' 역시 내일을 알 수 없는 '잔혹동화' 속에 있다. 제도권 사회에 진입하지 못한 사회적 '미성년'들이 불확실한 '내일'을 살아내야 하는 서울의 방들은 그 잔혹동화의 한가운데 있다.

3. 연인들의 방, 그리고 엄마의 방

연인들에게는 '방'이 필요하다. 제도 영역에 진입하지 못한 연인들의 가장 큰 현실적인 장애는 아마도 '방'이 없다는 것이다. 물론 돈이 있다면, 방을 구할 수도 있지만, 그렇다고 해서, '완전한 방'의 강박으로부터

---

18 위의 책, 236~237쪽.

19 위의 책, 245쪽.

20 위의 책, 243쪽.

자유로울 수는 없다. 이를테면 성탄 전야의 연인들에게 '지상의 방 한 칸'은 얼마나 절실한 대상인가(「성탄특선」). 성탄절 새벽의 "서울은 고장 난 멜로디카드처럼 조용하기만 하고", "오늘밤, 세계에는 많은 '사람의 아이들'이 생겨날 것이다." 그리고 "오늘 밤 지구의 연인들이 최선을 다해 소리를 지르고"있을 것이다. 궁핍한 사정으로 여동생과 한 방을 쓰고 있는 사내는 자신이 보냈던 무기력한 성탄절을 떠올리며, "나는 왜 이렇게 빤한가……"라고 생각하지만, 매년 똑같은 '성탄특선' 영화처럼 서울의 성탄절은 너무 빤하다. 사내는 '방'에 대한 상처를 가지고 있다. "사내는 모텔이나 여관 창문을 올려다보며 '부러움'을 느꼈다. 그 많은 방 중 진짜 자기 방은 없다는 불안 때문이었다."[21] 어떤 외부의 방해나 "누군가 올 것 같은 느낌, 나가야 될 것 같은 느낌" 없이 온전하게 사랑을 나눌 수 있는 연인의 방은 그에게 주어지지 않았다. 사내가 온전한 방 한 칸을 얻기 위해 '서울 살이 10여 년' 동안 방을 옮기며 살아가는 동안, "방에 따라 달라졌던 포옹과 약속", "어느 곳이든 따라다녔던 초조"에 대해서도 연인은 알고 있었다. 그리고 어느 날 정말 연인은 떠나갔고, 가파른 계단을 올라야 했던 조립식 건물에 살았던 그는 "그녀가 떠난 건, 마음이 변했기 때문이 아니라고, 단지 조금 다리가 아팠던 것뿐이라고"[22] 생각할 뿐이다.

사내의 여동생인 여자 역시 남자친구와 네 번째 크리스마스를 맞지만, 한 번도 연인들의 '정상적인' 성탄절을 보낸 적이 없다. 로맨틱한 데이트와 근사한 섹스 같은 크리스마스의 프로그램은 언제나 이 연인들의 것이 아니었다. '옷이 없어서', '돈이 없어서', '시시한 이별 때문에' 이들은

21 위의 책, 159쪽.
22 위의 책, 162쪽.

온전한 성탄절의 연인일 수 없었다. "둘만의 온전한 크리스마스"를 보낼 수 있는 조건이 생긴 지금은 어떨까? "이제 남자에겐 번듯한 직장이 있고, 여자에게도 깔끔한 구두와 소박한 정장이 있다."[23] 그러나 연인들의 '방'은 여전히 먼 곳에 있다. 값비싼 비용을 지불한 데이트 코스를 마친 뒤, 정작 연인들의 방을 구하러 갔을 때, 성탄절의 서울은 이들에게 방을 허락하지 않는다. 마지막으로 지독하게 허름한 여인숙에 들어갔을 때, 그곳은 낯선 이주노동자들이 주인의 눈을 피해 성탄절 파티를 여는 공간이다. 이제는 보통의 기준으로 성탄절 데이트를 즐길 수 있게 된 이 연인들에게도 서울은 연인들의 방을 내어주지 않는다. 성탄절은 방 없는 연인들을 더욱 가난하게 하고, '근사한 데이트와 섹스'라는 성탄절 연인들의 매뉴얼은 이미 강박이고 상처이다. '좀 사는 것처럼 살기 위해' 산다는 것은 얼마나 빤한가? 하지만 또 얼마나 어려운가? 성탄절 머리 위에 있던 선물이 티브이에서처럼 근사하게 포장되어 있지 않고 "항상 까만 봉다리 속에 들어 있"었던 것처럼, '역병'처럼 돌아온 크리스마스는 '방'을 둘러싼 생의 비루함을 더욱 날카롭게 만든다. 그래서 연인들의 방은 그곳에 없다.

「네모난 자리들」에 나오는 연인의 방은 이미 '부재'의 자리이다. 엄마가 '나'를 낳았던 그 방이 부재의 자리인 것처럼, 그리워했던 선배의 방 역시 부재로서 남아 있다. 엄마와 함께 힘겹게 찾아갔던 유년의 '그 방.' "내가 그렇게 힘들게 찾아간 곳이, 애쓰며 보고자 했던 것이, 고작 어느 작은 방, 어두운 '빈방'이었다는 것을 깨달았다. 저기 꼭대기에 떠 있는 빈 곳. 사각의 텅 빔을 찾아 그렇게 길고 굽이진 길을 헤매 올라갔구나라고. 나는 그 '네모난 부재'가 지금도 섬처럼 떠 있지 않을까 생각해보곤

23 위의 책, 169쪽.

한다."[24] '네모난 부재'로서의 '그 방'은 "사라진 말과 사라진 기억, 끝끝내 알 수 없거나 애초에 가져본 적 없는 장면, 그러면서도 오래전부터 알고 있었던 것같이 느껴지는 풍경"[25]이다. 언제나 불이 켜져 있는 '그 사람'의 방 역시 "그의 부재나 존재에 대해 아무것도 알려주지 않는" 공간이다. 엄마의 방이 부재의 방식으로 존재하는 것처럼, 불 켜진 선배의 방 역시 부재의 방식으로 남아 있다. 불 켜진 선배의 방에 몰래 들어갔다가 불을 끄고, 다시 불을 켜고 나오는 마지막 장면은 그렇게 대상의 부재 앞에서, 가짜로 실연되는 부재와 현존의 놀이를 연상시킨다.

이 소설에서 흥미로운 것은 '미로'의 이미지이다. 선배와 함께 골목길을 헤맬 때, "지구는 돌고, 지하철도 돌고 돌아 굽이쳐, 우리들 마음속에 살고 있는 골목 역시, 그날 밤 몹시 어그러져 있었는지 모른다, 우리 앞에 펼쳐진 골목은, 글자 사이로 의도를 잔뜩 숨긴 연애편지처럼 명백하면서도 모호했고, 시시한 듯 아름다웠다. 선배는 바지런히 이쪽으로 갔다, 저쪽으로 갔다, 오르내렸다, 나타났다, 사라지길 반복하며 미로 같은 길을 더듬어갔다. [……] 선배의 뒷모습은, 오래된 이야기 속으로 뚜벅뚜벅 걸어가는 사람의 실루엣처럼 황홀하고 위태로워 보였다."[26] 서울이라는 공간의 뒷골목에서 '그 사람'과 함께 미로를 헤매는 장면은, '네모난 부재의 자리'를 둘러싼 지형을 탐사하는 장면으로 부각된다. 그 미로를 헤매는 일은 '위태롭고 황홀하다.'

미로를 헤매던 선배의 이미지와 선명하게 대비되는 것은 엄마의 이미지이다. "어머니의 플레어스커트가 분 냄새와 함께 펄럭거렸다. 치마 사

24 위의 책, 94쪽.
25 위의 책, 92쪽.
26 위의 책, 101쪽.

이로 판타롱 스타킹의 살색 밴드가 함부로 보였다. 나는 그 옆에서 잠자코 앉아, 어머니의 어깨에 내 조그마한 머리통을 기댔다."[27] 강인한 모성의 이미지를 가진 엄마가 '내'게 길을 안내하는 장면은 선배의 그것과는 사뭇 다르다. "지구 어디선가 어둑함이 몸을 불려가는 속도와 함께 땀 식는 소리가 들려왔다. 나는 세상에서 가장 건강한 서른 몇 살의 촌부, 어머니를 따라 계단을 오르기 시작했다. 마을은 폐활량을 늘리기 위해 꽈리를 튼 허파처럼 구겨져 있었다. [……] 어머니는 10여 년 전에 오른 길을 하나도 까먹지 않았는지, 오른쪽으로 갔다, 왼쪽으로 갔다, 오르내렸다, 나타났다, 사라지길 반복하며 미로 같은 길을 더듬어갔다."[28] 김애란 특유의 지질학적 상상이 돋보이는 이 문장들에서 모성은 그 '네모난 부재의 자리'로 거침없이 인도하는 '세상에서 가장 건강한' 힘이다. 엄마는 그 자체로 '네모난 부재의 방'이다.

또 하나의 강인한 모성은 한 손에 '칼'을 들고 있다(「칼자국」). "어머니의 칼끝에는, 평생 누군가를 거둬 먹인 사람의 무심함이 서려 있다. 어머니는 내게 우는 여자도, 화장하는 여자도, 순종하는 여자도 아닌, 칼을 쥔 여자였다."[29] '칼'이란 권위와 용기라는 남성적 상징과 관련되어 있지만, 상처를 내는 힘으로서 자유의 힘, 그리고 악한 것을 퇴치하는 마법적인 힘을 연상시킨다. 김애란은 이 마법적인 칼의 힘에 강인한 모성의 권능을 겹쳐놓는다. 엄마가 들고 있는 칼은 칼국수를 자를 때 쓰는 칼이다. 억척스러운 모성은 "사소한 따뜻함을 받아보지 못한 여자", "손 안에 반지의 반짝임이 아닌 식칼의 번뜩임을 쥐고 살았"던 여자의 이미지로부터 나온

27 위의 책, 90~91쪽.
28 위의 책, 88쪽.
29 위의 책, 193쪽.

다. 엄마의 칼은 기본적으로 무언가를 해먹이기는 칼이다. "어머니는 칼 하나를 25년 넘게 써왔다. 얼추 내 나이와 비슷한 세월이다. 썰고, 가르고, 다지는 동안 칼은 종이처럼 얇아졌다. 씹고, 삼키고, 우물거리는 동안 내 창자와 내 간, 심장과 콩팥은 무럭무럭 자라났다. 나는 어머니가 해주는 음식과 함께 그 재료에 난 칼자국도 함께 삼켰다. 어두운 내 몸속에는 실로 무수한 칼자국이 새겨져 있다. 그것은 혈관을 타고 다니며 나를 건드린다. 내게 어미가 아픈 것은 그 때문이다."[30] 어머니의 칼은 '내' 육체를 만든 칼이고, 내 육체는 칼자국들로 구성되어 있다. 칼은 '내 몸'을 만든, '내 몸'에 깃들인 모성의 힘이자 상처이다.

그것은 '사랑'이나 '희생' 따위의 차원과는 다른 원초적이고 야생적인 '어미'의 힘이다. "어머니의 칼에서 사랑이나 희생을 보려한 건 아니었다. 나는 거기서 그냥 '어미'를 봤다. 그리고 그때 나는 자식이 아니라 새끼가 됐다."[31] 어머니의 칼은 어린 시절 시커먼 개를 쫓아주던 칼이며, '난감한 사람'인 아버지의 일탈에도 여전히 '밥 짓는 일'을 지속하는 칼이다. 이를테면 김치를 담그는 어머니의 모습을 보고, "어머니는 다라이로 통하는 저 지하 세계에 빠져들지 않으려 버둥대는 것처럼 보였다"[32]라고 비유할 때, 어머니의 생은 죽음과 싸우는 원초적인 투쟁이다. 그래서 '나'는 중얼거리는 것이다. "어머니는 좋은 어미다. 어머니는 좋은 여자다. 어머니는 좋은 칼이다. 어머니는 좋은 말[言]이다."[33] 음식의 간을 보다가 뇌졸중으로 돌아가신 어머니의 장례 도중 다시 '엄마의 방'으로 들어온 '나'는 어머니의 칼을 보고 이상한 식욕을 느낀다. 그 칼로 사과를 깎

30 위의 책, 194쪽.
31 위의 책, 195쪽.
32 위의 책, 196쪽.
33 위의 책, 212쪽.

을 때, "사과는 내 손에서 둥글게 자전하며 자신의 우주를 보여주고 있었다." "사과 조각은 우주 멀리 날아가는 운석처럼 뱅글뱅글 돌며 내 안의 어둠을 여행하게 될"[34]거라는 '예감'을 한다. '내 순수한 허기', '내 순수한 식욕'을 감당했던 어머니의 칼은, 이미 하나의 우주였던 것.

「플라이데이터리코드」라는 소설에서 그 모성은 블랙박스라는 금속성의 물질 속에 담겨 있다. 플라이데이터리코드라는 이름의 섬에 살고 있는 엄마 없는 소년은 섬에 추락한 비행기의 블랙박스를 우연히 발견하게 되는데, 삼촌은 그 블랙박스를 엄마라고 둘러댄다. 이 사태는 예기치 않은 문제를 야기한다. 비행기와 블랙박스는 할아버지 · 삼촌만으로 구성된 남성적인 가족 공간에 틈입한, 내용을 알 수 없는 여성적인 에너지이다. 아이는 실제로 그것을 엄마라고 믿게 되며, 블랙박스를 찾기 위한 외부 정보원들이 섬에 진입한다. 드물게 설화적이고도 신화적인 공간을 설정한 이 소설에서 엄마의 부재라는 공간에 침입한 블랙박스는, 낯선 여성성의 이미지를 발산한다. 사라진 여성성의 재림은 이 섬의 전설적인 '고대 상형문자'와 같은 해독할 수 없는 아름다움을 가진다. 그것은 "우주에서 고장 난 우주선 조각 같은 게 우주를 떠다니다가, 지구를 끌어당기는 힘에 잡혀서, 그 주위를 영원히 돌게 되는 경우"[35]처럼 우주적인 신비에 싸여 있다.

4. 다시 나만의 방, 혹은 우주적 자기의 발명

열차는 눈 먼 물고기처럼 인천을 빠져나와 북쪽으로 달려갔다. 나는 노선도를

---

34 위의 책, 222쪽.
35 위의 책, 284쪽.

올려다보며, 역사(驛舍)의 수를 곱아보았다. 인천에서 의정부까지 50개의 역이 있고, 영등포와 신길, 종로를 지나면 서울 북쪽 어딘가에 내 방이 있다. [……] 도시의 이름을 가진 점들과 그 사이를 잇는 직선. 나는 그것이 카시오페이아나 페르세우스, 안드로메다라 불리는 이국말로 된 성좌처럼 어렵고 낯설었다. 내가 모르는 도시의 별자리. 서울의 손금. 서울에 온 지 7년이 다 돼가는데, 그 중에는 내가 한 번도 가보지 못한 동네가 많다. 땅속에서 바람을 맞으며 안내 방송을 들을 때마다 나는 구파발에도, 수색에도 한번 가보고 싶었다. 하지만 그러지 못한 것은 서울의 크기가 넓은 탓이 아니라, 내 삶의 크기가 작았던 탓이리라. 하지만 모든 별자리에 깃든 이야기처럼, 그 이름처럼, 내 좁은 동선 안에도—나의 이야기가 있을 것이다.[36]

김애란적인 상상력의 움직임을 전형적으로 보여주는 이 문장들처럼, 그의 소설은 '내 방'과 '나의 이야기'를 둘러싸고 구축된다. 중요한 것은 김애란이 90년대 여성작가들이 그랬던 것처럼, '내 방'을 사회적 유폐와 일인칭 내면성의 상징으로 전경화하지 않는다는 점이다. 화자는 내 방의 도시적 지리학을 탐색한다. 서울이라는 공간에서 '내 방'이 놓인 위치를 생각한다. 물론 상상은 여기서 멈추지 않는다. 서울 지하철의 노선도는 은하계의 별자리 지도로 전환되며, 가보지 못한 지명, 가보지 못한 별자리를 생각한다. 그 우주적 상상은 그러나 우주의 무한궤도 속에서 먼지처럼 사라지는 것이 아니라, 다시 '나의 동선', '나의 이야기'로 되돌아온다. 이렇게 서울에서 우주로, 다시 '내 이야기'로 돌아오는 원환적인 상상적 움직임이 김애란의 서사적 동선이다. 그래서 '내 방' 안에 깃든 '내 이야기'는 '내 좁은 동선'의 이야기일 뿐만 아니라, 상상적 동선이 뻗어간

36 위의 책, 122쪽.

무한 공간 속을 돌아 다시 '내 삶'을 만들어낸다.

김애란의 서사는 이와 같은 상상적 지도 속에 자기 자신을 '재배치'한다. 이런 '나만의 방'을 둘러싼 지도 그리기를 타인과의 연대와 소통에 대한 열망, 혹은 자신의 사회문화적 억압과 궁핍을 돌파할 의지의 소산이라고 단순화할 수 없다. 오히려 그 '우주적 지도 그리기'는 '나'라는 자아의 심미적 재정립에 가깝다. 이 '심미적 개인'은 타인에게 함부로 손을 내밀 수는 없지만, '내 고독'처럼 "우주 먼 곳 아직 이름을 가져본 적 없는 항성 하나가 반짝"[37] 한다는 것, 그 우주적 존재감을 만나는 자아이다. 그것을 비루한 도시공간 속에 내던져진 개인의 자기 방어의 기제라고 말할 수도 있으리라. 그러나 자립적인 개별성을 확보하기 힘든 이 도시의 연약한 개인들을 이런 방식으로 또 다른 역동적인 자기 운동의 공간을 만든다.

푸코의 후기 저작에서의 개념을 변형하여, 그것을 객체화된 주체로부터, 스스로 '자기'를 형성하는 자율적 자아의 재형성, 혹은 '자기의 배려'로 읽을 수 있을까? 원망과 분노 혹은 현실적 의지를 상실한 듯 무심해 보이는 인물들, 세상과 타인에 대한 적대감 혹은 소통의 욕구를 '절제'함으로써 자기의 개별성을 보존하려는 인물들, 상징 질서의 도덕률보다는 최소한의 자기 윤리를 형성하려는 인물들, 불행의 근원을 외부나 타자에게 돌리지 않음으로써 역설적인 자립성을 유지하려는 인물들의, 저 투명한 체념의 미학은 차라리 '자기의 테크놀로지'라는 존재 미학으로 읽을 수 있지 않을까? 계급조차 갖지 못한 왜소한 개인들이 '나'의 자존이 위치하는 우주적 이미지를 상상하는 것은, '새로운 미적 개인'의 가능성을 탐문하는 일이 아닐까? 이 '나-방의 우주지리학'은 신빈곤 시대의 축소

---

37 위의 책, 152쪽.

된 개인을 '우주적 자기'로 재탄생시키는 서사적 모험이다.

그것은 입사의 '성인식'을 끊임없이 유예당하는 이 시대의 청춘들에게 바치는 애틋한 송가이기도 하다. 김애란의 '우주적 자기의 발명' 혹은 '미학적 자존의 가능성'은 2000년대 문학의 단 하나의 결론은 아닐 것이다. 그러나 적어도 2000년대 문학에 대한 그 모든 무거운 풍문들. '소통'과 '탈현실'의 문제를 포함한 그 모든 풍문들을 다시 돌아보게 만든다. 동시대의 궁핍한 시간들을 우주적 공간 위에서 사유하고, 상상하는 것은, 지금 이곳에서 다른 시간, 다른 삶을 경험하는 심미적 사건이다. 비속한 도시공간으로부터 자기에 대한 존재 미학을 재발견함으로써 '나'는 그렇게 스스로 자전하고 '당신'의 주위를 공전하며 '자기 이야기'를 만들어낸다. 그 자전과 공전의 존재감 때문에 '나'는 '내 존재'의 개별성을 살 수 있다.

제10장

결론: 도시인들의 탄생과 탈근대성

이 책의 테마인 '도시인의 탄생'은 한국문학에서 '도시인의 역사적 기원'의 시점을 밝히는 작업을 의미하는 것은 아니었다. 한국문학의 근대적 기원을 밝히는 작업이 의미 있는 것이기는 하지만, 그 작업은 결국 근대의 기원을 드러냄으로써 근대적인 것을 비판적으로 재구성하고 해체하는 작업을 의미한다. '도시인'이라는 개념이 문제적인 것은, 그것이 하나의 시기에 형성된 고정된 개념이 아니라는 점이다. 한국 근현대문학을 도시의 경험을 미적으로 전유하고 재전유하는 미적 주체의 구성이라는 관점에서 이해할 때, 도시인은 끊임없이 변모하는 도시인이다. 도시인은 어느 결정적인 역사적 순간 구성되어 지속되는 모델이 아니다. 도시인의 탄생은 하나의 사건이 아니며, 중요한 것은 복수로서의 도시인들의 탄생이라고 할 수 있다.

이를테면, 박태원의 소설에 나오는 도시인과 유하의 시에 나오는 도시인은 다른 도시인이다. 그 다름에는 몇 가지 맥락이 포함되어 있다. 우선 하나는 도시적 경험과 감각의 역사적 변전이다. 1930년대의 경성과 1990년대의 서울 압구정동은 다르다. 박태원의 소설 속의 산책이 식민지 경성에서 형성되는 새로운 모더니티 가운데서 형성되는 무거운 것이었다면, 유하의 도시 감각은 대중소비사회의 한복판에서 훨씬 가벼운 어법과 감각으로 표현되는 것이다. 박태원이 경험한 근대의 무거움과 유하가 경험하는 소비사회의 가벼움은 고체적인 근대로부터 '가볍고', '액체적인' 근대로의 이동이라는 논리를 환기시킨다.[1] '고체 도시'로부터 '액체 도시'의 변동은 도시적 인간성의 변모를 가져오는 요인이 되었을 것이다.

그러나 이런 사회사적인 변동으로 그들의 텍스트가 설명되어지는 것은 아니다. 이보다 더욱 중요한 것은 도시를 감각하고 그것을 표상하는 미적 주체들의 차이이며, 그 차이에 따라 도시의 지배적인 의미는 하나로 귀결되지 않는다. 박태원의 관음증적 시선과 유하의 관음증적 시선은 구조적으로 유사한 부분이 있다. 박태원과 유하의 텍스트 속에서 여성은 여전히 관음증적 시선의 대상이지만, 그 관음증의 감각과 프레임은 다르다. 박태원의 시선이 성적인 응시와 결혼이라는 사회제도적 강박의 틈새에서 나온다면, 유하의 시선은 도시의 스펙터클이 주는 여성 육체의 기호적 매혹과 그 매혹의 공허함 사이에서 발생한다. 1930년대 경성을 배회하던 산책자의 무거운 관음증적 시선과 비교할 때, 유하의 산책자가 소비하는 것은 여성의 육체 자체가 아니라 그 육체에 대한 소비문화적 기호이다. 이제 거리의 산책자는 그 기호화된 이미지들을 관음하고, 동시에 소비한다. 그는 단지 훔쳐보는 자가 아니라, 그 이미지들을 소비하고, 그 안에서 도시적인 매혹과 환멸을 경험하는 자이다.

또 하나 주목할 수 있는 것은, 관음증적인 시선의 대상이 된 여성들 역시, 하나의 산책자이며 소비자로서 출현하고 있다는 점이다. 대중소비문화의 발전은 소비의 주체로서의 여성들의 존재를 가능하게 했고, 이들은

1 지그문트 바우만, 이일수 역, 『액체근대』(2009, 강), 184~190쪽.

이미지 소비의 주체이자 대상이 되는 아이러니한 위치에 놓이게 된다. 도시적 시선의 문화가 남성 중심의 관음증적 구조로 구성되어 있다는 것, 그래서 시각적인 것의 지배가 남성 권력과 관련되어 있다는 점을 인정하더라도, 도시는 다른 한편으로 여성들에게 새로운 자유를 주었다. 도시적 문화 내부의 내재된 잠재적인 전복성은 축제적인 측면을 일상적인 것으로 만들어 여성에게 다른 선택의 기회를 제공한다. 도시 문화는 남성 원리와 여성 원리 사이의 복합적인 상호작용이 이루어진다.[2] 새로운 여성적 글쓰기를 보여주는 텍스트 속에서 도시적 시선의 다른 주체로서의 여성이 등장하기도 한다. 김혜순의 시에서 여성적 몸을 둘러싼 상상적 모험은 도시 인간의 시선을 탈주체화한다. 김애란의 소설에서 현대 도시는 이제, 그 시선의 위계를 무너뜨리는 투명한 소비와 무관심의 제국을 만들어낸다. 도시 속의 여성 주체는 새로운 미적 담론의 가능성을 시험한다.

도시의 시선 체계에서 '산책자'는 보는 자 혹은 '탐정'이고 '여성'과 '군중'은 시각적으로 대상화된 존재라는 관계의 구조가 일반적이지만, 이것이 도시적 시선 구조의 모든 것을 설명하는 것은 아니다. 도시공간에서는 시선의 변증법 혹은 시선의 상호교환이라는 것이 벌어지는데, 산책자는 대상을 관찰하고 훔쳐보는 관음자이면서, 한편으로 타인의 시선을 끊임없이 의식하는 자이다. 그 자신도 하나의 용의자처럼, 거리의 모든 사람이 자기를 주시하고 있다고 느끼기도 한다. 그는 타인의 시선으로부터 숨어 있고 싶지만, 또한 타인의 시선 앞에서 일종의 잠재적인 용의자로 노출되는 자신을 발견하고 수치심을 경험한다. 산책자는 익명적인 시선들의 교차 속에서 아무것도 알 수 없는 무시무시하기까지 한 경험에 직면하여 당황하거나, 얼빠진 구경꾼으로 전락하여 자신의 개인성을 소진

---

2 마이크 새배지, 알랜 와드, 김왕배 · 박세훈 역, 『자본주의 도시와 근대성』(1996, 한울), 52쪽.

하고 군중의 일부분으로 바깥세계에 흡수될 수도 있다.[3] 그래서 도시공간은 타인의 시선으로부터 자신의 자율성을 보존하려는 시선의 투쟁이 벌어지는 공간이다.

오규원이 투명성의 도상학을 통해 도시의 물신성(物神性)에 대응하는 시적 언어의 자율성을 추구하는 것도 이런 맥락에서 이해할 수 있다. 오규원의 시는 도시 이미지의 도상학으로부터 그 관념성을 제거하여 그것을 유물론적 미학으로 재구성하고, 그 재구성하는 시선을 통해 도시에 대한 다른 감각의 차원을 열게 한다.

도시적 경험을 전유함으로써 탄생하는 미적 주체는 단순히 '작가'에 환원되지 않는다. 혹은 작품의 '주인공'에 환원되는 것도 아니다. 문학(예술)에 있어서의 주체적 지점들은 작품들이다. 작가는 그러한 주체들의 구성에 참여하는 것이다.[4] 문제는 하나의 도시인이 아니라, 도시인들이며, 이들은 환원 불가능한 외재성을 갖고 있다. 이 복수의 도시인들은 미학적 '사건들'이다. 도시의 의미는 개방되어 있기 때문에, 끊임없이 재생산되고 해체되고 재구성된다. 기형도의 텍스트에서 도시의 익명성으로부터 어떤 신비한 다른 시간을 만난 것은 또 하나의 개별적인 도시인의 탄생을 의미하는 것이다. 새로운 도시인들, 새로운 도시의 미적 주체들은 도시의 지배적인 의미 사이에서 개인적인 경험과 감각을 삽입하여, 도시의 삶을 다른 삶의 가능성으로 전이시킨다.

이상의 '인공 날개'와 김수영의 '사랑의 도시'는 그런 측면에서 도시적 삶의 지배적인 의미를 뚫고 다른 삶의 가능성을 드러낸 것이다. 김수영의 텍스트에서 시선의 윤리학은 도시의 내부에서 현대의 시간과 역사

---

3 주은우, 『시각과 현대성』(한나래, 2003), 396쪽.

4 알랭 바디우, 이종영 역, 『윤리학』(2001, 동문선), 57쪽.

의 시간을 동시에 포착하는 '겹시선'의 지점에 도달하게 만든다. 김수영의 시는 도시 풍경을 시적 주체의 시각적 프레임 안에 가두어두지 않고, 그 풍경의 바깥에 있는 존재의 가능성을 열어놓는다. 김수영의 시에서 도시는 풍경이 아니라, 일종의 '사건'이다. 이상의 텍스트에서 근대에 대한 자기의식과 식민지 근대에 대한 환멸과 절망이라는 이중성에 대한 감각을 끝까지 밀고 나갈 때, 소설은 미적 근대성의 전위에 위치하게 된다. 소설 「날개」가 도달한 이 마지막 날개의 시간은, 도시적 시간이 규정하는 파국적 상황으로부터 또 다른 시간으로 이동하는 인공의 날개를 감각하는 시간이다. 그 인공의 날개야말로 심미적 근대성의 다른 이름이다. 이 새로운 도시인들은 도시의 지배적인 의미를 교란하는 어떤 독립적인 미적 실존을 만나게 해준다. 이 지점에서 도시인의 미적인 동력은 근대 이후의 삶의 가능성과 조우한다.

도시가 근대의 산물이며, 근대화 자체를 의미하는 것이라면, 이 새로운 도시인들은 도시의 다른 의미, 도시 너머의 다른 삶에 대한 미적 기획을 탐구한다. 동시대의 도시 문화에서 탈근대적 양상들을 발견하는 것은 의미가 있다. 특히 대중소비사회로 접어든 1990년대 이후 한국문학의 텍스트에서 그런 사회문화적 양상들을 발견할 수 있다. 그러나 근원적으로 중요한 것은 도시적 경험으로부터 새로운 미적 감각을 창안하는 이 심미적 도시인들의 투쟁 자체가 이미 근대에 대한 근원적인 비판을 포함하고 있다는 점이다. '탈근대'의 비전은 도시 자체에 있다기보다는, 도시를 미적으로 전유하고 재전유하는 새로운 도시인들의 미적 투쟁 속에서 드러난다. 그들은 도시 속에서 개인성의 심미적 재정립을 통해 새로운 존재 미학에 다가간다. 이 '심미적 도시인'은 타인에게 함부로 손을 내밀거나 공동체를 복원할 수는 없지만, 자립적인 개별성을 확보하기 위한 싸움 가운데서 다른 삶의 정치적 가능성을 만난다. 동시대의 도시의 시간들에서 다른 시간을 발견하는 것은, 지금 이곳에서 다른 삶을 상상하는 심미적 사건이다. 비속한 도시공간에서 자신에 대한 다른 존재 미학을 재발견함으로써 그들은, 이미 탈근대의 도시 안으로 걸어 들어가기 시작했다.